Nous
Manifeste d'un nouvel humanisme

Essai

Jérôme Goffette

NOUS

MANIFESTE D'UN NOUVEL HUMANISME

Essai

Jérôme Goffette

Ce livre a été évalué par le Comité de lecture
Association Académique pour les Humanités – AAH

Je tiens à remercier mon ami philosophe *Brian Munoz*, qui a relu ce texte et m'a fait part de nombreuses remarques. Grand connaisseur de Xavier Zubiri et Maria Zembrano – deux philosophes qui mériteraient d'être lus davantage – son éclairage et son soutien m'ont été précieux.

Je remercie de tout cœur mes collègues et ami·e·s :

– *Évelyne Lasserre*, anthropologue, sans laquelle j'aurais quitté très tôt le monde de la recherche – ta bienveillance a été cruciale.
– *Yves Zerbib*, professeur de médecine générale, pour nos cours d'éthique à deux voix et nos nombreuses affinités – ton regard pénétrant et complexe m'est très précieux.
– *Nora Moumjid-Ferdjaoui*, qui m'a fait découvrir, avec le professeur d'oncochirurgie Alain Brémond, les recherches sur la décision partagée en médecine – ton humour et ta sagacité sont un vrai plaisir.
– *Olivier Perru*, professeur de philosophie des sciences, pour sa large culture et son ouverture d'esprit – nos rires partagés et nos réflexions croisées seront toujours les bienvenus.
– *Pierre Baligand*, mon professeur de grec et de français au collège, qui m'a fait découvrir Montaigne et tant d'autres auteurs – les séances de théâtre avec Ginette Baligand restent inénarrables.

Que soient remerciés aussi mes collègues *Lucie Dalibert, Hugues Chabot, Fabienne Braye, Paul-Fabien Groud, Marie Flori, Axel Guïoux, Bettina Granier, Nicolas Franck, Sophie Pelloux, Alain Moreau, Lucile Wahl, Marc Chanelière, Humbert de Fréminville, Vatentine Gourinat*, que j'ai côtoyé·e·s avec grand plaisir à l'université.

Une pensée particulière au réseau de collègues et amis spécialistes de fantastique et de science-fiction : *Hervé Lagoguey, Danièle André, Françoise Dupeyron-Lafay* et tant d'autres. Vous n'avez cessé de m'ouvrir de multiples horizons dans un pétillant mélange d'érudition sérieuse et d'humour décapant.

Je remercie aussi, chaleureusement, mes *étudiant·e·s en médecine*. Nos moments de rencontre, brassant des questions complexes, parfois très graves, m'ont fait constamment mûrir. Vous m'avez beaucoup apporté. Vous avez tout mon soutien.

Enfin, je ne peux qu'avoir une pensée toute particulière pour mon père, *Claude Goffette*, homme de principes, d'écoute et d'une grande finesse, auquel je dois indubitablement une grande part de mon attachement au sens du juste et des responsabilités.

© 2020 Jérôme Goffette

Édition : BoD – Books on Demand
12/14 rond-point des Champs-Élysée, 75008 Paris
Impression : BoD – Books on Demand, Norderstadt, Allemagne

ISBN : 9782322206988

Dépôt légal : mars 2020

Nous nous enfonçons dans la pénombre.

Mais l'avenir n'est pas écrit. Nous pouvons dissiper les ténèbres.

De vieux démons hantent les cervelles, de tristes mélanges de peurs et de fantasmes. On élit des personnalités gonflées de mensonges, des corrompus, des séducteurs, des xénophobes et des banquiers d'affaires. Certains esprits confus s'éprennent de pseudo-traditions identitaires qui n'ont jamais existé. Ils fantasment un « récit national » simple et flatteur, hors de l'histoire ; le rejet de tout ce qui ne paraît pas comme eux ; la gloriole d'eux-mêmes ; le plaisir de la violence ou de l'intimidation. D'autres, tout aussi confus, jargonnent une novlangue qui se veut moderniste mais n'est que creuse. Les mots glissent de leurs sens : les difficultés deviennent des « opportunités », les restructurations autoritaires des « conduites de changement », les buts des « cibles », les décisions injustes des « rationalisations » très irrationnelles. Emballez cela dans un anglais mal maîtrisé, fétichisé, et vous obtiendrez le snobisme de classe des nouveaux « décideurs ». D'autres encore, silencieux, s'enlisent dans le repli, l'insatisfaction ou l'amertume. Tout cela sent le vide, le triste, le mesquin, le fétide.

Oui, un pas après l'autre, *nous nous enfonçons dans la pénombre*. Mais l'avenir n'est pas écrit. Nous pouvons dissiper les ténèbres. Les imbéciles sont tenaillés de peur et manipulés par ces peurs. Les autres rient jaune et sont atterrés, mais quelques-uns jubilent. En même temps, un brouillard de frivolité nous anesthésie. Pourtant, nous pourrions agir.

L'esprit du temps est à la communication plus qu'à ce qu'on devrait communiquer, à la gesticulation plus qu'au geste juste, à la captation des esprits plus qu'à leur dialogue, au mensonge vendeur plus qu'à la parole honnête. Le temps est à la pullulation des petites aliénations – nos gestes privés sont exploités, valorisés et vendus ; nos esprits happés par les publicités ; notre travail régi par des formulaires et des indicateurs absurdes. Le temps est à l'envahissement des futilités – des téléphones sont présentés comme des révolutions ; des événements sportifs comme des ruptures historiques ; des régressions sociales comme des solutions. Cette grande opération de rapetissement de notre humanité nous persuade de notre insignifiance – nous ne serions que des mouches, des mouches seules et bourdonnantes. À force de cultiver l'imbécillité, nous devenons imbéciles.

Nous nous enfonçons dans la pénombre.

Posons la question : allons-nous, comme au cinéma, regarder sombrer notre navire ? Spectateurs de l'histoire, allons-nous observer, au ralenti, tous les détails de la scène ? Serons-nous les passagers de nos vies, observateurs aussi narcissiques que résignés ? Allons-nous ajouter au *crime de passivité* un *crime d'indifférence* ?

La pénombre ronge la lumière. Laisserons-nous dans nos poches, jusqu'au bout, notre lumière, notre intelligence individuelle et collective qui pourtant pourrait refouler l'envahissement des ténèbres ?

Le moment est venu. Que ceux qui veulent tisser un maillage de résistances relancent un mouvement d'espoir. Il faut faire étinceler mille couleurs contre la triste grisaille qui attaque tous les contours. Chacun le sait : les lumières dissipent les spectres et révèlent leur inconsistance – spectres : ces peurs et ces fantasmes tristes qui nous hantent. Les lumières les repoussent là où ils auraient dû rester : dans le dépotoir de nos cultures, ce lieu où, avec lenteur, nous avions invité ces ectoplasmes à se décomposer. Lorsque les humains se sont laissé effacer par la pénombre, il suffit qu'ils brillent un peu, de nouveau, pour qu'ils retrouvent de la présence, des contours moins indistincts, et que des visages réapparaissent. L'humanité s'efface, quand elle s'oublie, mais l'humanité *est*, quand elle *s'affirme*.

Nous sommes aujourd'hui des particules animées d'un mouvement brownien, des particules qui s'agitent pour s'agiter et qui ne vont nulle part. Pour qu'un mouvement ait lieu, pour que les errances deviennent des cheminements et des compagnonnages, il faut qu'un signal – une voix, un message – donne à entendre une orientation.

Il nous faut un nouveau manifeste. Il nous faut affirmer notre humanité dans sa face généreuse, dans sa tendresse et sa grandeur. *Il nous faut un manifeste pour un nouvel humanisme.*

*

Un nouvel *humanisme* ?

Le mot, usé jusqu'à la corde, est devenu passe-partout. Il est pourtant issu de trois ébranlements historiques qui continuent à retentir dans la culture.

Le premier fut bien sûr la querelle religieuse du protestantisme et du catholicisme au XVIe siècle. Tiraillées entre deux versions d'une même religion, les consciences humaines furent devant un choix. Une série de guerres mirent l'Europe à feu et à sang pendant cinquante ans. L'humanisme apparut dans ce contexte tragique comme la troisième voie, celle qui veut cultiver le libre arbitre et la connaissance, celle ne s'en remet pas à la prédestination et à la grâce divine mais pense la responsabilité humaine. Politiquement marginal, il creusa pourtant, culturellement, le sillon de référence.

La condition humaine n'y était plus perçue comme une évidence. Elle pouvait être discutée et même faire l'objet de choix. L'humanisme a une conséquence majeure : *la condition humaine est devenue une question à laquelle la conscience doit réfléchir*. En toutes choses, chacun doit apprendre à former son jugement (Michel de Montaigne), chacun, doté de libre arbitre, doit répondre de ses actes (Érasme) et, collectivement, les peuples doivent sortir de leur servitude volontaire (Étienne de La Boétie) pour rechercher un gouvernement plus juste (Érasme, Thomas More, François Rabelais, etc.).

Le second ébranlement se produisit au XVIIIe siècle avec la philosophie des Lumières (*Aufklärung* en allemand, *Enlightenment* en anglais). Elle systématisa et radicalisa le débat. La spécificité humaine – la conscience – y joue le rôle de pivot. Puisque nous sommes des consciences, nous sommes des personnes et non des choses. Cela a deux implications. D'une part, nous devons nous comporter en tant que personnes, assumer cette condition, c'est-à-dire penser et peser nos actions par nous-mêmes. D'autre part, nous devons adopter le principe du respect de toute personne et reconnaître la dignité de chacun. Comme nous sommes tous dotés de cette capacité de conscience, il n'y a plus de hiérarchie de classe ou de dignité – nous sommes semblables. *Autrui – quel qu'il soit – est mon prochain.*

Cet humanisme des Lumières implique directement deux projets, éducatif et politique. Le projet éducatif est celui de l'émancipation des consciences et de leur épanouissement : il poursuit le sillon précédent. Le projet politique est plus nouveau, puisqu'il s'agit des fondations de la démocratie moderne : une personne, une voix, et chacun participe à parts égales à la souveraineté populaire.

Nous continuons aujourd'hui à entendre ces principes, réaffirmés dans l'article premier de la *Déclaration Universelle des Droits de l'Homme* de 1948 : « Tous les êtres humains naissent libres et égaux en dignité et en droits. Ils sont doués de raison et de conscience et doivent agir les uns envers les autres dans un esprit de fraternité. » Ce sens de la solidarité et du respect de tous n'est pas un fait, mais une exigence, même s'il reste encore bien du chemin à faire.

Avec la philosophie des Lumières, la condition humaine est devenue davantage qu'une question. Elle est à la fois *la* question et la source de toutes les réponses *légitimes* parce que la conscience humaine en est la clef.

Qu'on ne se trompe pas : ces deux premiers ébranlements sont aujourd'hui largement admis, mais restent discutés et fragiles. Quelques courants religieux, politiques et économiques réfutent la liberté de conscience comme hérétique et dangereuse. L'instauration des semi-démocraties actuelles n'est devenue majoritaire que vers 1970, avec des avancées et des reculs. Dans la plupart des pays, la condition des femmes, des minorités ethniques, des étrangers ou des pauvres reste en deçà de la Déclaration des Droits de l'Homme.

Que dire alors du troisième ébranlement, celui de l'*existentialisme,* si ce n'est qu'il est plus que discuté : il est au cœur du cyclone contemporain. Les racines de l'existentialisme, qu'il soit chrétien ou athée, puisent à l'indétermination de l'être humain, à l'absence de prédestination voire au mystère (cf. Gabriel Marcel), donc à l'ouverture du monde des sens, des significations et des questionnements.

> **Comme nous sommes tous dotés d'une capacité de conscience, il n'y a plus de hiérarchie de classe ou de dignité – nous sommes *semblables*. Autrui – quel qu'il soit – est mon prochain.**

La mise en avant de l'existentialisme est liée au XXe siècle, ce siècle qu'on devrait appeler le Siècle des Extrêmes. La Première Guerre mondiale, boucherie inutile, fut la démonstration de l'absurdité du patriotisme. La Seconde Guerre mondiale, issue d'une culture de la peur (de la dégénérescence de la « race », de la perte des traditions…), de la haine (du malade mental, du Juif, du Tzigane…), de la rancœur (envers les vainqueurs de 1918 et de leur volonté d'humilier les vaincus) et de l'obéissance au chef (Hitler, Mussolini, Staline) forme *une culture des sentiments négatifs* qui s'oppose frontalement à l'humanisme de la Renaissance et des Lumières. Cette culture négative nous a dit qu'au lieu d'être émancipées, les consciences devaient être endoctrinées et la politique confiée à l'autorité efficace d'un chef. Soyez tranquille. Adorez le chef. Louez sa sagacité. Cessez de réfléchir et de vous troubler. Et obéissez (sinon…). La pente autoritaire ne manque pas d'attraits, surtout à court terme, mais elle a toujours mené au désastre.

Le trop-plein des discours de peur et de haine a abouti à la conflagration qu'on connaît et à ses résultats calamiteux. Il y eut des millions de civils et de militaires morts ou blessés. Il y eut aussi l'horreur absolue des camps d'extermination. Le contrecoup fut une déflagration dans la culture humaine, un besoin puissant de liberté et d'épanouissement. Là encore, l'ébranlement ne s'est pas limité à un pays, à un lieu, mais a retenti largement. La Renaissance et les Lumières ne s'étaient déjà pas arrêtés aux limites de l'Europe. Les convulsions du XXe siècle ont été planétaires. Les peuples ont dû faire face à ce qu'ils avaient produit en suivant leurs démons. Cette prise de conscience fut un électrochoc : nous découvrions que dès que nous cessions de l'affirmer, la condition humaine se dissolvait et se perdait. Si nous ne pensons plus l'autre comme notre prochain et notre semblable, il devient l'étranger et le rival. Alors on se retrouve seul, et, étant seul, notre propre humanité se perd parce que nous n'avons plus personne avec qui la partager. On quitte cette situation où des personnes se reconnaissent comme des personnes ; on entre dans celle où des individus ne perçoivent les autres que comme des moyens et des instruments – l'humanitude s'efface.

Si nous ne pensons plus l'autre comme notre prochain et notre semblable, il devient l'étranger et le rival. Alors on se retrouve *seul*, et, étant seul, notre propre humanité se perd parce que nous n'avons plus personne avec qui la partager.

Le projet des Lumières renaquit sur ces décombres en même temps qu'émergea une nouvelle radicalisation humaniste, celle de l'existentialisme des années 1940-50.

Que nous disent Albert Camus, Jean-Paul Sartre, Simone de Beauvoir et bien d'autres ? *La condition humaine est un projet.* Le monde est vide de sens tant que nous ne le peuplons pas de sens. Notre capacité de conscience fait que nous avons à inventer notre condition humaine. L'existentialisme est ainsi à la fois une vision de l'humanité et une philosophie du devoir envers l'humanité. Puisqu'aucune instance divine ne détermine ou ne dicte notre condition, alors la responsabilité est humaine, tant aux niveaux collectif qu'individuel.

Les Lumières avaient pensé *découvrir* une réponse à la condition humaine en interrogeant la Raison. L'existentialisme ne pense plus à une découverte, à une révélation, mais à une *invention* à produire et à créer, sans fin. Il n'y a pas une Raison qui serait une boussole fiable et univoque, mais une profusion d'*intelligences* qui doivent s'entrelacer pour inventer sans cesse. Dès que ce mouvement vivant d'élaboration du sens s'engourdit ou s'ossifie, l'affirmation de notre condition humaine se transforme d'abord en coquille creuse, avant de risquer sa dissolution.

Même s'il existe un existentialisme religieux, cet aspect radical et ouvert de l'existentialisme, en particulier athée, heurte de plein fouet les traditions et les religions. Les échos de l'ébranlement culturel existentialiste heurtent encore les cultures de la vérité révélée, de l'autorité charismatique et des traditions évidentes. Or, le débat public qui domine aujourd'hui l'Europe, l'Amérique du Nord, le Moyen-Orient, l'Afrique et l'Asie est justement cette tension entre l'invention existentialiste et l'assignation traditionaliste de notre condition humaine. Voilà pourquoi, culturellement, l'existentialisme est au cœur du cyclone contemporain.

*

Quand l'histoire se secoue de querelles religieuses, il faut faire de la métaphysique. Le problème est que l'existentialisme n'est qu'un premier jet de la métaphysique à bâtir. L'existentialisme humaniste n'existe pas encore vraiment.

Quand l'histoire se secoue de querelles religieuses, il faut faire de la métaphysique.

L'Existentialisme est un humanisme (1946) de Jean-Paul-Sartre recèle trop d'outrances et d'affirmations fausses – c'est une sorte de diamant brut : il brille mais ses feux ne sont pas harmonieux. Son auteur lui-même s'en est détourné[1].

Le Mythe de Sisyphe (1942) d'Albert Camus, sans doute l'autre texte métaphysique existentialiste le plus connu, paraît paradoxal, ou tiraillé. Il baigne dans une atmosphère de déception, celle de l'absence de sens, de l'absurde, alors qu'il devrait mettre en avant ce qui lui tient pourtant le plus à cœur : la vie humaine au sens fort, la générosité entre nous, la recherche et la création du sens. Pourquoi commence-t-il avec cette affirmation péremptoire : la prise de conscience du non-sens de la vie n'entraîne-t-elle pas la question du suicide ? Pourquoi cet amoureux de la vie et de l'humanité ne l'a-t-il pas formulé sous son visage positif : la prise de conscience du non-sens de la vie n'entraîne-t-elle pas la question de notre devoir d'invention de ce sens et de notre responsabilité ? La dernière phrase du traité ouvre à une attitude humble mais résolue : *il faut concevoir Sisyphe heureux* (pensée reprise de Kuki Shūzō[2]) parce qu'il sait que, nonobstant la tâche absurde qu'on lui a infligée, il y avait du sens à refuser les ordres de Thanatos, le dieu de la mort, et à affirmer l'importance de la vie humaine.

En somme, la voie de ce que nous devons faire est toute tracée : il s'agit d'abord de dialoguer avec ces deux textes, de prendre les noyaux qui sonnent juste, de les compléter et de construire une nouvelle métaphysique de la condition humaine.

Comme il est question de lancer un pavé dans la culture, le texte que vous avez entre les mains n'est pas un traité savant mais un *manifeste*. Que tous ceux qui le souhaitent s'en emparent et le vivent à leur façon.

---

1   *L'Être et le Néant* (1943) fait de la conscience une marionnette aux mains de l'inconscient : comment concilier cela avec le sens de la responsabilité et la construction de soi comme projet ? *La Critique de la raison dialectique* (1960) reprend certains schémas déterministes du communisme dialectique, ce qui discorde avec les thèses de l'*Existentialisme*.

2   Cette interprétation du mythe de Sisyphe se trouve dans *Propos sur le temps*, (1928, publié en français) du philosophe japonais Kuki Shūzō. Il connaissait très bien Bergson, la phénoménologie allemande et il a participé au monde intellectuel français de la fin des années 1920.

1
Essence et existence

L'existentialisme tire son nom de cette célèbre formule :

« L'existence précède l'essence. »[3]

Disons-le d'emblée : elle frappe juste mais *son expression est fausse*. L'une ne précède pas l'autre ; elles sont entre-tissées. Il n'y a pas besoin d'aller jusqu'à cette idée de précédence de l'une sur l'autre. Le tissage simultané suffit à assurer ce que veut affirmer Jean-Paul Sartre : une place et un rôle ne nous sont pas assignés.

Jean-Paul Sartre en a fait son emblème parce que la formule est à la fois savante et provocatrice. Elle nous dit son opposition à toutes les traditions qui tenteraient de nous arrimer à une essence. Notre identité n'est pas définie une fois pour toutes dès notre naissance. Il n'y a pas un « c'est écrit » que nous devrions réaliser parce qu'il définirait notre être, notre identité. Aucune essence, aucune idée de soi n'est là dès le début. Cette théorie de l'identité prédéfinie n'est qu'une justification aux traditionalismes. Nous y reviendrons et nous reviendrons aussi sur la question de l'identité de soi.

Jean-Paul Sartre défend au contraire la liberté humaine, son inachèvement dès l'origine. L'être humain n'est pas d'emblée défini : il se construit lui-même, ce qui lui donne la liberté. L'être humain n'est jamais achevé mais ouvert.

L'être humain n'est jamais achevé mais ouvert.

---
[3] *Sartre (Jean-Paul) : L'Existentialisme est un humanisme*, p. 26.

Dans *L'Existentialisme est un humanisme*, plusieurs autres phrases clef gravitent autour de cette formule :

« Il n'y a pas de nature humaine »[4]
« L'homme est ce qu'il se fait »[5]
« L'homme invente l'homme »[6]
« L'homme est condamné à être libre »[7]

Deux idées s'y associent :

1° L'être humain s'invente lui-même.
2° Avant de s'inventer, il n'est rien.

La première idée est le postulat humaniste par excellence. L'humanité a en elle-même une capacité à créer. Pour l'individu, il s'agit de décider par soi-même, de s'autoéduquer et de se forger sa personnalité. Pour la collectivité, il s'agit de l'engendrement constant et renouvelé de toute la culture, c'est-à-dire les usages, les techniques, les arts, les savoirs, etc.

Cette première idée n'est une vérité que tant qu'elle s'exerce. On peut d'ailleurs faire l'hypothèse que cette capacité n'a émergé que progressivement. On peut imaginer aussi qu'à chaque fois que cette capacité se perd, l'humain cesse de s'inventer et se trouve menacé de disparaître en tant qu'humain. On peut appeler cela une vérité pragmatique, une vérité qui n'est vraie que tant qu'on la fait exister, en pratique.

Pour ces raisons, cette idée est à la fois un principe extrêmement fort et une exigence pragmatique qui s'adresse à tous : inventez-vous, réaffirmez-vous, ayez conscience de votre vulnérabilité d'être si vous voulez affirmer votre humanité.

Si cette première idée est aussi au cœur du nouvel humanisme que nous voulons construire, il n'en va pas de même de la seconde, qui nous pose problème : avant de s'inventer, l'homme ne serait rien.

Les formules utilisées recèlent une double ambiguïté.

---

4   *Ibid.*, p. 49.
5   *Ibid.*, p. 29 et p. 52.
6   *Ibid.*, p. 40.
7   *Ibid.*, p. 39.

La première est due à la confusion possible entre « homme » et « être humain masculin ». Cette ambiguïté est aisée à dissiper. On peut considérer que l'auteur, en disant « homme », parle de tous les êtres humains, quels que soient leurs genres. La proximité évidente de Jean-Paul Sartre avec Simone de Beauvoir, qui publiera quatre ans plus tard *Le Deuxième sexe*, permet de lever le doute et de ne voir là que les usages d'une époque – même s'ils ne sont pas anodins.

La seconde est plus embarrassante. « Homme » : cela peut dire à la fois l'être humain individuel et l'humanité dans son ensemble.

S'il parle des êtres humains *individuels*, peut-on dire d'un individu que son existence précède son essence, qu'il est ce qu'il se fait, qu'il s'invente lui-même et qu'avant de s'inventer il ne serait rien ? Ce serait nier un ensemble d'évidences. Il est rare qu'une femme qui porte un enfant ne s'en soit pas aperçue et qu'elle n'ait pas cultivé un ensemble d'idées, de craintes et d'espérances à l'égard du fœtus. L'être humain à naître est déjà, avant sa naissance, tissé d'essences maternelles. L'enfant à naître est aussi ce que fait la mère, c'est-à-dire non seulement ce qu'elle fait en termes d'existence – concrète – mais aussi d'essence – culturelle. Il se peut même que cette grossesse soit due, en amont, à un projet parental porté par un couple ou une famille. Avant même de commencer à exister, cet être humain était essence, c'est-à-dire idée, représentations, tissus mental. Le paradoxe est que Jean-Paul Sartre met au premier plan le concept de *projet* mais qu'il ne l'applique pas au projet d'engendrement. Or, vu dans son contexte générationnel, la naissance d'un être humain, ou même sa conception, n'est pas le point zéro de l'essence de cet être humain. En tant que personne individuelle, chacun à une capacité à s'inventer, mais aussi *chacun est pour partie l'invention des autres (ainsi que, en partie, le résultat du cours des choses).*

La formule de Jean-Paul Sartre a ceci de caricatural qu'elle invite à penser que, tout à coup, un être humain existerait, et qu'ensuite il se doterait, tout seul comme un grand, de sa propre essence. C'est nier la culture de la parentalité, le projet d'engendrement, mais aussi l'accompagnement parental du nouveau-né et l'éducation de l'enfant. Nous baignons constamment dans un monde d'essence et de culture – que nous contribuons aussi à entretenir et à inventer, les deux s'entrelaçant.

> **En tant que personne individuelle, chacun à une capacité à s'inventer, mais aussi chacun est pour partie l'invention des autres (ainsi que, en partie, le résultat du cours des choses).**

Peut-être va-t-on nous dire alors que Jean-Paul Sartre n'entendait pas le mot « homme » au sens d'être humain individuel, mais au sens d'humanité, c'est-à-dire de la *communauté humaine*. Ceci réglerait le problème puisqu'il aurait pensé, d'emblée, à la collectivité et à sa culture. En fait, les difficultés ne font que se déplacer.

Que signifierait alors « L'existence de l'humanité – comme communauté humaine – précède son essence. », « L'humanité est ce qu'elle se fait. », « L'humanité invente l'humanité. » ? Cela nous inviterait à penser la préhistoire avec une sorte de séquence en trois phases. D'abord, à un moment passé, l'humanité n'existait pas. Ensuite elle se serait mise à exister. Enfin elle se serait inventée comme humanité. On retrouve ici, ironie de la chose, l'idée d'une création *ex nihilo*. Alors que Jean-Paul Sartre s'affirme athée, on découvre une forme de pensée magique – de ce fait il est peu plausible qu'il ait pensé « homme » en ce sens.

Poursuivons néanmoins cette idée pour mieux l'explorer. À vrai dire, cette irruption soudaine paraît improbable et même absurde. On sait depuis la fin du XIXe siècle que l'espèce humaine est le fruit d'une longue évolution qu'on peut lire à la fois dans la conformation des corps et dans la transformation des techniques. L'émergence d'un monde culturel, l'émergence du monde de l'essence comme le dirait Jean-Paul Sartre, ne ressemble pas à une irruption soudaine mais à une multitude d'émergences qui se combinent : outil, langage, goût de la beauté, soin, sentiment, significations, etc. Pour l'humanité, qui de l'existence ou de l'essence a été présente en premier ? La question est assez vaine et sans doute mal posée, car essence et existence n'ont dû cesser de coévoluer : les conformations physiques, les capacités et les éléments culturels ont constamment retenti les uns sur les autres en tous sens, d'*Homo erectus* jusqu'à nous.

Enfonçons le clou. Nous savons depuis quelques décennies qu'il n'y a pas eu une seule humanité mais *des* humanités, car plusieurs espèces humaines ont coexisté (sapiens, néandertal, denisova, etc.). Nous savons qu'il y a eu hybridation physique et échanges culturels. Cela concorde mal avec une irruption soudaine d'un monde des essences qui permettrait de dire : l'humanité est advenue *à ce moment-là*. Autre argument : nous savons aussi que le monde de l'essence et de la culture n'est pas réservé à l'humanité ou aux humanités. L'éthologie, les sciences cognitives et l'étude des transmissions culturelles nous montrent que d'autres espèces sont aussi des espèces culturelles. C'est le cas des grands singes (bonobos, chimpanzés, orangs-outans, gorilles...), des cétacés (baleines, orques, dauphins...), mais aussi de plusieurs espèces de corvidés (corbeaux, geais, pies...) et même de certains invertébrés comme le poulpe. Consultez la foule des observations et des expériences issues des textes scientifiques, vous serez surpris de ce qu'on y apprend. D'une part des mondes d'essences ont émergé de façons multiples chez des espèces multiples, d'autre part ces mondes d'essences ne sont pas des blocs mais des brassées d'essences hétéroclites plus ou moins entrelacées. S'il faut constater un dynamisme global des essences et du monde culturel, il faut aussi constater que chaque essence à sa dynamique d'émergence et de raffinement.

En fin de compte, lorsqu'on regarde le groupe « humanité » ou lorsqu'on considère quelques autres groupes, des formules comme « L'existence précède l'essence. » paraissent étrangement simplistes. Il est plus pertinent d'affirmer leur entrelacs : *l'essence et l'existence co-évoluent, entrelacées.*

L'essence et l'existence co-évoluent, entrelacées.

Quel que soit le sens, individuel ou collectif, que Jean-Paul Sartre attribue à « homme » dans ses formules, l'une des deux idées que ses formules véhiculent est prise en défaut : penser que l'homme n'était rien avant qu'il s'invente, c'est tout bonnement adopter une pensée erronée et simpliste. Il n'y a pas *d'abord* l'existence, *ensuite* l'invention de l'essence. Il y a plutôt un entrelacs d'essence-existence où les conformations d'existences permettent une certaine capacité d'invention d'essence et où des conformations d'essences favorisent ou défavorisent des conformations d'existence. Nombreux sont les philosophes et les anthropologues qui reconnaissent depuis le début du XXe siècle l'intrication, forte et dynamique, de la nature et de la culture en nous. Préciser que nature et culture en nous n'ont cessé de co-évoluer et d'influencer leurs coévolutions réciproques permet de mieux prendre conscience de notre condition.

Il n'y a pas d'abord l'existence, ensuite l'invention de l'essence. Il y a plutôt un entrelacs d'essence-existence où les conformations d'existences permettent une certaine capacité d'invention d'essence et où des conformations d'essences favorisent ou défavorisent des conformations d'existence.

*

Cela a de multiples implications métaphysiques sur la condition humaine.

Nous sommes tissés d'essence et d'existence. Prenez des fils d'existence seuls, ou des fils d'essence seuls, et vous n'obtiendrez pas une personne, mais un tas de fils. Le tissage n'est pas un mélange hasardeux ou grossier. Un tissu a une forme, des propriétés et des motifs que ni ses fils de trame ni ses fils de chaîne ne peuvent avoir à eux seuls.

L'une des conséquences de ceci est que nous sommes *histoire*. Nous ne sommes ni stase immuable, ni chaos magmatique. Nous sommes un tissus qui a des mains de tissus qui ne cessent elles-mêmes de tisser leur tissus et d'en faire usage. Notre être d'humanitude nous donne un devenir et, inversement, notre devenir passé nous a fait être ce que nous sommes aujourd'hui.

D'après la vision traditionaliste, nous ne serions qu'*être* et tout devenir qui ne serait pas répétition serait à proscrire. D'après la vision révolutionnaire nous ne serions que *devenir* et l'être présent ne serait qu'une injure jetée à la promesse du devenir. Les deux sont des visions égarées.

Le traditionalisme nous dit : « Nous sommes héritage, donc nous *devons* être héritage ». On peut en démontrer la fausseté : si nous *devons* l'être, c'est que nous pouvons ne pas l'être, donc que nous ne *sommes* pas seulement l'héritage.

Les révolutionnaires nous disent : « Nous sommes projet, pure création, donc nous *devons* tourner le dos à l'héritage. » On peut en démontrer la fausseté : si nous *devons*, c'est que nous pouvons faire autrement ; donc nous ne *sommes* pas seulement projet.

Entre le repos de l'être et l'inquiétude du devenir, notre condition humaine est condamnée à se chercher, à se tester, à se ressentir, à s'imaginer. *En nous le réel aime rêver. En nous l'intangible aime s'incarner.*

Notre vision humaniste et existentialiste est celle d'un tissu d'être et devenir, d'état et de projet. Ni traditionaliste, ni révolutionnaire, notre voie est celle de l'émancipation, comme l'humanisme de la Renaissance et celui des Lumières.

L'humanisme porte une métaphysique parce qu'il nous parle de nous, de notre identité, dans son être et dans son devenir.

2

Identité ?

Notre époque est hantée par la question de l'*identité*. Ne tournons pas autour. Regardons-la de front. Quelle est notre identité ? Nous venons de voir qu'elle ne se limite ni à une tradition, ni à une révolution à faire. Les deux sont des enfermements, des servitudes volontaires pour ceux qui les adoptent.

Ceux qui veulent que nos traditions soient nos identités – l'extrême-droite européenne, les pseudo-islamistes radicaux, etc. – ne font que reprendre un jeu politique de captation du pouvoir. C'est une facilité. La démarche est d'autant plus facile que tous ceux qui la contestent peuvent être accusés de récuser leurs propres traditions, donc d'être pervertis et fous.

Vu sous l'angle de celui ou celle qui reçoit le message, nous trouvons la tentation d'une autre facilité : celle de se laisser mouler dans un cadre, celle de s'inscrire dans un ordre social fixe et simpliste, celle d'une prédestination à être à telle ou telle place.

Outre l'insubordination des contestataires, ce type d'ordre a sa fragilité. Si les dirigeants y croient vraiment, ils vont se quereller sur la forme pure de la tradition – d'où les schismes et les procès en hétérodoxie. Si les dirigeants n'y croient pas vraiment et n'adoptent cette posture que par cynisme – la voie la plus courte pour capter le pouvoir – alors il y a tout à parier qu'une fois au pouvoir leur préoccupation principale sera narcissique : jouir de ce pouvoir. Le régime sera fragilisé par le sybaritisme, par la corruption et par les contradictions croissantes entre la règle traditionaliste exigée de tous et les écarts que s'autorisent les puissants – d'où l'écœurement des peuples, puis la défiance et la révolte. C'est une impasse, certes sans cesse réinventée, mais une impasse.

De même, ceux qui prônent la révolution – ils sont devenus rares, car l'air du temps est à la peur et non aux folles espérances... – rêvent d'une identité fictive où l'humanité censément libérée serait alors indemne, car réalisée dans son état optimal. Là encore il s'agit d'une facilité : il y a toujours des aigreurs à agiter et des rêves joyeux à proposer. Là encore la démarche est d'autant plus facile que tous ceux qui la contestent peuvent être accusés de récuser leurs propres espérances, donc d'être pervertis et fous.

Vu sous l'angle de celui ou celle qui reçoit le message, nous trouvons la tentation d'une autre facilité : celle de se laisser aller à une rêverie de midinette, à un monde où on aurait le beurre, l'argent du beurre, la crémière et le crémier, un monde où on fait disparaître comme par enchantement les contradictions et la résistance opaque du réel. Là encore on se complaît dans l'idée de s'inscrire dans un ordre social fixe et simpliste, où nous serions prédestinés à une place.

Là encore ce type d'ordre a sa fragilité. Si la révolution se produit, ce sont les dirigeants les plus violents qui vont s'être illustrés. Une fois au pouvoir, leur propension à la violence va répondre au souci de se maintenir au pouvoir. Au début, ils laisseront une certaine place à la discussion tout en veillant à biaiser la prise de décision – au nom de l'intérêt supérieur de l'idéal. Mais plus tard, quand les discussions se feront plus âpres ou se répandront, ils restreindront l'espace de parole et s'en prendront à ceux qui les critiquent. À la fin, ils chercheront à manipuler l'opinion pour qu'il n'y ait plus même lieu de discuter : tout ne sera plus qu'évidence, action urgente et efficacité. Le régime se trouvera fragilisé par sa propre contradiction : il n'aura fait que mettre en place un traditionalisme ; au lieu d'avoir surmonté les tensions du réel, il n'aura fait que les mettre sous le tapis et les rendre taboues, ce qui ne manquera de les aviver.

La politique est au fond l'invention d'un *espace* entre ces deux impasses, l'invention de voies pour cheminer vers une destination ouverte, donc en partie inconnue. La politique est un cheminement qu'il faut souhaiter sans fin, car, dès qu'on croit en avoir trouvé le terme, on ne fait que supprimer l'espace politique. La fin de l'histoire, la fin de l'espace politique, c'est l'enfermement dans une impasse. Elle appelle à son dépassement, à la nécessité humaine d'aller au-delà de la fin, de transformer l'impasse en rue, en chemin.

On a cherché à nous persuader de fins définitives par des monarchies « de droit divin », des États théocratiques ou des États « révolutionnaires ».

On nous a présenté, à tort, nos semi-démocraties comme des démocraties presque achevées alors que l'expression du groupe collectif se borne à désigner des régents qui sont seuls habilités à faire la loi.

On nous a asséné une « vérité » économique devant laquelle il n'y aurait plus à penser – alors que l'économie, comme tout champ de pensée, fourmille de variantes et de divergences. De plus, il ne faut jamais oublier que l'économie ne trouve le sens de la *valeur* que dans une dimension qui n'est pas la sienne et qui est métaphysique – ce qui montre que l'économie, théorie de la valeur, ne doit pas être arrogante et fermée, mais curieuse et ouverte.

Il est important de lutter contre cette tendance récurrente à construire des impasses. *L'espace politique est l'ouverture vers des choix possibles et non la fermeture sur une pseudo-évidence.*

Les discours identitaires sont des discours de fantasmes et de rabougrissement humain.

La place de chacun de nous n'est pas établie dans notre identité. Notre identité elle-même n'est pas établie et fermée, définitive. Notre rôle est un chemin.

3

Qui suis-je ?

Puisqu'on parle d'identité, les dernières décennies ont vu l'apparition d'une littérature abondante de « développement personnel » et de « coaching », qui se traduit dans les magazines par une ribambelle de conseils. Chacun a entendu ce genre d'encouragement ou d'injonction : « Révélez votre vrai moi ! », « Soyez vous-même ! », « Oser être soi », « Trouvez votre personnalité cachée », etc.

Cette approche repose sur trois idées combinées :

1° Il y aurait en chacun un vrai soi.
2° L'expression de ce vrai soi serait entravée.
3° En faisant un travail sur soi, on pourrait rompre ces entraves et libérer le vrai soi.

Tout se fonde ici sur la métaphore du trésor caché et de sa découverte. Ces formules, par leur élan, sont émotionnellement chargées. Elles nous disent : « Libérez-vous ! Libérez-vous et vous serez heureux ! » Curieusement, elles sous-entendent toujours que le vrai soi serait de bien plus haute valeur que l'être entravé qu'on constate – ce qui flatte l'ego. En somme, on nous joue le mythe du Prince charmant devant délivrer la Princesse, dans une version où nous avons les deux rôles. (On omet toujours de préciser que nous sommes aussi le personnage qui séquestre et celui qui bâtit le château-prison, alors qu'il serait intéressant de connaître les motivations de ces deux voix.)

Ces formules sont paradoxales. Prenons « Soyez vous-mêmes ! » Si je dois devenir moi-même, c'est donc que je ne suis pas moi-même – ce qui est absurde. Qui suis-je alors, moi qui ne suis pas moi-même et qui ignore encore ce moi qu'on lui presse de rejoindre ? Me crier dans les oreilles « Sois toi-même ! » n'est-ce pas me faire sauter en tous sens comme un cabri qui ne sait pas où aller ?

Le conseiller va donc ajouter que je dois me fier à mon *intuition*. Peut-être me dira-t-il même : « Arrête de te prendre la tête et sois toi-même ! » Qu'est-ce à dire ? Faudrait-il arrêter de penser pour être soi-même ? Pourtant, n'est-il pas admis que la conscience et la pensée sont ce qui compte le plus dans notre personnalité ? Vouloir nous focaliser sur une intuition, n'est-ce pas nous doter de bien belles œillères en ne nous orientant, ni plus ni moins, que vers une impulsion qui va procéder au hasard ou activer nos insatisfactions les plus immédiates ? Comment un tel branchement sur l'impulsivité pourrait-il nous rendre libres ? Toute la philosophie nous apprend qu'un être humain peut s'aliéner lui-même ou être manipulé par ses désirs impulsifs bien plus facilement que par la réflexion.

Être moi-même : qu'est-ce à dire si ce n'est me considérer tout entier dans ma complexité d'être pensant, faisant, désirant, rêvant, etc. ? En nous interdisant de réfléchir, en nous focalisant sur l'impulsion, ne nous prive-t-on pas d'une part cruciale de nous-mêmes ?

C'est ici que se dévoile la première erreur de ces doctrines : elles nous font croire que le soi est simple, homogène, unifié. Mais un tel soi, si simple, si homogène et si unifié ne serait qu'un soi rabougri, misérable et pitoyable. S'il y a une vérité à reconnaître, c'est que *le soi est complexe, hétérogène et tiraillé*. Le soi possède une tension qui le fait vivre et il recèle de vastes pans de ressources intérieures. Le soi n'est pas un cristal qui ne vibrerait qu'à une seule fréquence, mais un orchestre symphonique. Dès lors, il est normal que le soi soit tiraillé. Il est normal qu'il soit dans l'inquiétude. Il est normal qu'il recherche constamment une forme d'harmonie qui puisse mêler avec une certaine beauté les partitions, les instruments, les musiciens et les spectateurs qui le composent.

L'injonction à être soi est une imposture, car nous sommes toujours nous-mêmes et nos tiraillements n'ont pas à être occultés mais à être auscultés.

> **Être moi-même : qu'est-ce à dire si ce n'est me considérer tout entier dans ma complexité d'être pensant, faisant, désirant, rêvant, etc. ?**

> **Le soi est complexe, hétérogène et tiraillé.**

> **L'injonction à être soi est une imposture, car nous sommes toujours nous-mêmes et nos tiraillements n'ont pas à être occultés mais à être auscultés.**

Ceci met en lumière une seconde imposture : *il n'y a pas de « vrai soi »*. La vérité du soi est de ne jamais cesser de s'enrichir de nouveaux pans, d'approfondir sa cohérence, de se chercher. La vérité du soi est dans sa multiple dimension de réalisation et de projection de soi : il fait, il pense, il se fait, il se pense, et il ne cesse de se prendre et de se déprendre du monde et des autres. Le soi est autant le cheminement passé, celui qui chemine, l'action de cheminer et l'intention de cheminer vers...

Notre identité est à la fois ontologique, relationnelle et personnelle. Ce que je suis vient à la fois de mes potentialités natives, de l'apport d'autrui et de mon saisissement de moi-même. Tout ceci est vrai : « Je suis mon corps », « Je suis ce que vous m'avez fait être », « Je me suis fait », etc. Rien n'est définitivement écrit à la source ; tout est repris et modifié par le travail de soi. À l'égard du soi, nous ne sommes pas des prospecteurs qui devraient dégager de sa gangue une pépite d'or, mais des alchimistes qui ne cessent de combiner des éléments pour obtenir une formule plus intéressante.

Pour le dire autrement, *à notre origine nous ne sommes pas original*. Plus notre histoire avance, plus nous pouvons devenir original, c'est-à-dire plus nous pouvons avoir été l'origine de ce que nous sommes devenus.

4

Avec, contre, en lisière

Au fond, la question la plus pertinente n'est pas celle de mon identité mais celle de ma connaissance et de mon originalité, c'est-à-dire : « Me suis-je regardé·e en face ? » ; « Comment puis-je m'approfondir et progresser ? » et « En tant qu'auteur·e partiel·le de moi, origine de moi-même, que dois-je faire ? »

On connaît le précepte antique « Connais-toi toi-même ». Le tourbillon de la vie oriente notre attention sur le monde et nous fait sans cesse glisser d'un sujet à l'autre. De plus, notre propre aveuglement nous masque à nous-même. Regarder *qui on est* et *ce qu'on a fait* réclame un effort d'attention et de lucidité. Dans les deux cas, l'attention et la lucidité permettent de mettre de côté les reconstructions mentales trop faciles et trop complaisantes. Elles permettent aussi de prendre la mesure de la complexité. Le « Connais-toi toi-même » invite autant à l'introspection qu'à l'extrospection. Il ne s'agit pas de faire le vide et de se recevoir passivement soi-même, dans une sorte d'anti-méditation immobile, mais de mener une *enquête*, d'être en quête des facettes de soi-même et des empreintes laissées par le soi dans le monde.

Ce type d'enquête sur le « qui » de notre être et sur le « que » de ce que nous faisons peut tirer bénéfice d'un autre précepte, moins connu : « Connais-toi par l'autre ». Faites-en l'exercice : passez quelques heures avec une autre personne, puis prenez le temps de discuter afin que chacun dise ce que l'autre a fait et que chacun dise qui l'autre lui paraît être. Le regard que l'autre vous apportera est précieux – et parfois surprenant – parce que cet autre n'a pas porté attention aux mêmes

> « Me suis-je regardé·e en face ? »
>
> « Comment puis-je m'approfondir et progresser ? »
>
> « En tant qu'auteur·e partiel·le de moi, origine de moi-même, que dois-je faire ? »
>
> « Connais-toi toi-même »
>
> « Connais-toi par l'autre »

choses que vous et n'a pas cessé d'interpréter ce que vous exprimiez et faisiez pour saisir qui vous seriez. De même, si, en suivant l'autre, vous faites l'exercice de prêter attention à tout ce qui est fait et aux conséquences de ces actes, vous approfondirez votre capacité à observer, ce qui, en retour, vous fait mieux vous observer. Qu'il s'agisse de situations personnelles, familiales ou professionnelles, cet exercice fera toujours apparaître des éléments enrichissants, des questions pertinentes. Il permettra aussi, souvent, de prendre conscience des petits et des grands malentendus, car ils proviennent des différences d'attention et des divergences d'interprétation. Autrui est une excellente fenêtre sur nous-même. L'enquête de soi ou la quête de soi tire bénéfice de la multiplicité de ceux qui enquêtent, car cela permet l'association des points de vue et l'addition des compétences.

Un troisième précepte mériterait d'être forgé pour renforcer les deux premiers : « Connais-toi avec l'autre ». Parce que je ne suis pas tout à fait le même lorsque je suis seul·e et lorsque je suis avec telle ou telle personne, il est crucial de mener l'enquête sur ce qui provient spécifiquement de ce « avec », car des propriétés singulières en émergent. Quelque chose de nouveau, d'humain, advient et se surajoute. Pour prendre une image simple, prenez deux personnes face à un banc de pierre. Aucune des deux, seules, ne peut le déplacer, mais à deux cela devient possible. L'association – l'un·e *avec* l'autre – change la donne et révèle une propriété de ce « nous » qui n'existait pas avant qu'il y ait un « nous », donc une singularité du « nous ».

Cette importance du « avec » va bien au-delà de la manutention et des compétences pratiques. Par exemple, les psychologues connaissent bien les phénomènes de contagion émotionnelle. De même, les spécialistes du travail ne cessent de se pencher sur la collaboration et l'addition des compétences – une addition où 1 et 1 peut parfois donner un résultat négatif quand il y a un conflit destructeur, mais où souvent, aussi, 1+1 va faire 3 – quand il y a synergie – ou même l'infini – quand ce qui en résulte est totalement inédit. Que ce soit au travail, en famille ou en amour, la satisfaction de soi est souvent une satisfaction du « avec », du lien. Notre être ne paraît jamais aussi dense, incandescent et magnifié que dans les « avec » de l'amour des parents pour leurs enfants, de l'amour sensuel partagé, ou de la connivence amicale. Ce sont des « nous » intimes noués sur des « je » suis « avec » toi, des « je suis nous ».

> **Autrui est une excellente fenêtre sur nous-même. L'enquête de soi ou la quête de soi tire bénéfice de la multiplicité de ceux qui enquêtent**
>
> *« Connais-toi avec l'autre »*

Notre identité est à la fois une identité du « je », une identité du « je » face au « tu » et une identité du « nous ».

En fait, lors de la grossesse et de l'enfance, chacun de nous a d'abord été surtout un « nous » avant de devenir surtout un « je ».

*

La question du « nous » conduit à deux remarques. *Comme le « je », le « nous » se construit « avec », « contre » et « en lisière ».* Nous nous identifions toujours plus ou moins à un groupe, contre des groupes et en lisière de certains.

Toutefois, certaines de ces constructions sont *délétères* – celles des racistes, des casseurs et des aigris, par exemple. Bâties sur des sentiments négatifs – la jalousie, le mépris, le dégoût, la haine – elles ne cimentent un « je » et un « nous » que par la *dépréciation* de l'autre. La valorisation de soi et du groupe n'existe alors que *par* la dévalorisation d'autrui. C'est une forme de « Je hais donc je suis » où aucune valeur véritable ne vient de soi-même. De ce fait, il s'agit d'une construction d'identité *creuse*, qui est vide, misérable et défaillante. Tous les racismes sont des coquilles creuses de ce genre : sexisme, xénophobie, snobisme, etc. Ils construisent tous un « autre », qui sert d'arrière-plan – *noirci* et *fabulé* – pour que leurs silhouettes grises et minables se dessinent. C'est un monde de frustration et de jalousie. Combiné à l'incapacité à s'exprimer, il produit une éructation de violence – une psychologie de casseur, de frappeur et d'aigreur désinhibée. On nage dans le spectre et le fantasme.

Dans la lutte contre cette misère d'identité, il faut affirmer *la valeur des sentiments positifs*, l'apprentissage des satisfactions de soi basées sur une valorisation de soi et d'autrui, et la connaissance *réelle* des autres – nous y reviendrons quand nous aborderons la société du mensonge.

Qu'on nous comprenne bien : se construire « contre » n'est pas forcément une mauvaise chose. Lorsque ce « contre » a une assise saine, il est constructeur. On peut être contre les homophobes, contre la pression sexuelle, contre les xénophobes *parce qu*'on préfère se mettre au service du respect et de la concorde. On peut être contre le mensonge, la manipulation et la stupidité *parce qu*'il est primordial de pouvoir regarder les choses en face. Le « contre » n'est problématique que s'il est la boussole fondamentale de l'identité – « Je suis parce que je suis contre ». Sa *motivation* le rend pourri, creux et négatif. À l'inverse, tous les « contre » qui sont aussi « avec » reposent sur un « pour » : ce « pour » contient en lui la lutte contre ce qui y fait obstacle et c'est ainsi qu'il induit un « contre » ce qui lui porte atteinte.

Le rapport au groupe et au collectif n'est pas manichéen. Il est faux d'affirmer que si tu n'es pas « avec » nous, tu es « contre » nous (Benito Mussolini adorait d'ailleurs cette formule[8]). Ce n'est qu'une rhétorique de pression pour forcer la main. L'argument du faux dilemme est un classique du discours biaisé où le manipulateur cache les autres alternatives et vous laisse choisir entre une option repoussoir et celle qu'il vous coince à adopter – le procédé est malhonnête. En l'occurrence, vis-à-vis des groupes, nul ne doit nous obliger à être « avec » ou « contre ».

En fait, des trois modalités, la plus importante et la plus riche est sans doute le « en lisière ». Elle seule évite de forger une identité en la fondant sur une identification absolue. Le « je » n'a pas à s'abdiquer dans le « nous » ou à se restreindre à *un seul* « nous ».

Le « en lisière » est la modalité de la porosité, des confluences et du partage. On peut s'inspirer ici du concept de « porosité ontologique »[9] développé par Marie-Jo Thiel. Comme une sorte de carrefour d'identités, à la façon d'Hécate Enodia aux trois visages, je puis être, par exemple, assez français, très francophone, assez ardennais, un peu belge, un brin japonais, souvent européen et surtout humain sans frontière (si je me prends pour sujet d'exemple). Mais il faut compléter cette liste pour aller bien au-delà de l'ethnicisation culturelle : je suis aussi très père, très lecture, peu cancan, assez jardin, assez beauté, peu vacance, etc. Toutes mes caractéristiques, tous mes traits de personnalités entretiennent des liens en lisières de « nous » multiples. Il ne s'agit pas d'être dedans ou dehors, mais à la fenêtre, à l'écoute ou très proche, à la façon poreuse d'un filtre.

Le « je » n'a pas à s'abdiquer dans le « nous » ou à se restreindre à un seul « nous ».

Le « en lisière » est la modalité de la porosité, des confluences et du partage.

Il ne s'agit pas d'être dedans ou dehors, mais *à la fenêtre*, à l'écoute ou *très proche*, à la façon poreuse d'un filtre.

---

8   L'une des paroles-slogans de Benito Mussolini était « O con noi o contro di noi » « Avec nous ou contre nous ». La rhétorique stalinienne employait ce même type de procédé manichéen. Le ressort sectaire est malheureusement classique. Ses conséquences sont bien connues : enfermement dans le groupe, conflit avec les personnes extérieures au groupe, dérive sectaire par auto-bourrage de crâne.

9   Thiel (Marie-Jo) : *La Santé augmentée, réaliste ou totalitaire ?*, chap. 6.
    Thiel (Marie-Jo) (dir.) : *Souhaitable vulnérabilité ?*

Cet espace de partage a presque quelque chose de magique parce que *ce qui est donné est aussi gardé, car il ne s'agit pas d'une chose mais de culture.* Lorsqu'on m'apprend quelque chose, celui ou celle qui me l'apprend ne désapprend pas. Au contraire, dans le mouvement du partage avec l'autre on apprend toujours *par surcroît* un petit quelque chose sur ce qu'on partage, parce qu'on s'en est nourri de nouveau, qu'on l'a goûté un peu différemment d'avant et que ses saveurs ont des nuances infinies.

La *mise-en-commun* n'est pas un don parce qu'on ne se défait pas de ce qu'on donne. La mise-en-commun n'est pas un échange parce qu'on n'obtient pas telle chose en échange de telle autre. *La mise-en-commun n'est pas un partage en sous-parties, une division, mais une multiplication.*

Être « en lisière » c'est aussi apprendre à vagabonder, à cheminer, à compagnonner. On connaît l'adage « Le voyage forme la jeunesse. » Le cheminement en lisière nous forme, à tout âge et en tout lieu. Ce n'est pas pour rien que les humanistes ont toujours invité au voyage – il est heureux que le programme européen de séjour d'étudiants à l'étranger ce soit intitulé « Erasmus ». Il y est bien sûr question de folklore et d'exotisme, mais cela est anecdotique : il est surtout question de rencontres, de mise-en-commun et d'enrichissement de soi en se frottant à des « nous » multiples. Ce n'est pas pour rien que les universités s'appellent ainsi ; elles ont été fondées à la Renaissance par l'idée d'un partage universel des connaissances. Elles sont des espaces de lisières, d'accueil et d'émergence de synergie, quand 1+1 fait plus que 2. En faire, comme on l'entend aujourd'hui, des sortes d'entreprises en concurrence pour la captation du capital des connaissances est une trahison en même temps qu'une imposture : une trahison au projet de partage universel, et un imposture puisque la création de connaissances repose bien plus sur la coopération et la liberté des esprits que sur la concurrence et le verrouillage des savoirs. Ce qui est dit ici des universités peut l'être de bien d'autres aspects de nos vies.

Les lisières ne sont pas seulement les frontières des pays. Elles sont avant tout et surtout les lisières poreuses des mondes humains. Il peut être plus étonnant de passer une soirée avec un voisin très pauvre, ou très riche, que de partir à l'étranger chez quelqu'un qui vous est similaire. Vous découvrirez des soucis et des joies que vous n'imaginiez même pas.

Vous êtes jeunes : discutez avec des vieux ; vous êtes hommes : discutez avec des femmes ; vous êtes intérimaires, discutez avec des fonctionnaires ; vous êtes pauvres, discutez avec des riches ; vous êtes d'ici, discutez avec des gens d'ailleurs ; etc. – et vice versa. Vous recevrez la richesse infinie des cultures professionnelles et des connaissances des autres, une profusion d'expériences de vie, de tracas et de joies, de goûts et de façons de faire. Mais surtout, ne soyez ni arrogants ni sûrs d'avoir raison, car alors vous ne recevrez rien, car vos mains ne seront pas ouvertes.

Les anthropologues et les ethnologues ont un outil précieux d'exploration « en lisière » : l'*observation participante*. Ce n'est pas en observant de loin mais *en faisant avec l'autre* qu'on peut le mieux observer et comprendre, ce qui vaut à la fois pour les genres, pour les langues, pour les professions, pour les âges, pour les handicaps, pour les goûts, etc.

Ce n'est pas en observant de loin mais en *faisant* avec l'autre qu'on peut le mieux observer et comprendre.

Nous disions précédemment que la question la plus pertinente n'était pas celle de mon identité mais celle de ma connaissance de moi-même, de mon approfondissement et de ma progression. Enquêter, explorer, être curieux d'autrui – et des résonances d'autrui en soi-même – est une des voies de réponse, qui ne peut pleinement se réaliser qu'avec un mélange de *penser* et de *faire*.

5

Consentement : autonomie et hétéronomie

L'humanisme est un projet de liberté.

Son grand combat historique a toujours été la liberté de penser, de s'exprimer, de circuler. Cette liberté n'est pas une liberté « de papier » ou une liberté « de fantaisie » mais une libération, une émancipation. Si je ne suis pas prédestiné à être ceci, si mon essence n'est pas toute écrite, alors la question de la liberté mérite d'être posée et avec elle la question de ce que je peux et dois en faire. Ceci est patent dans le contexte de la Renaissance ou du XVIIIe siècle où le monarque concentrait en lui tous les pouvoirs et pouvait s'autoriser l'abus de pouvoir. Mais ceci était encore évident à l'époque de la conférence de Jean-Paul Sartre – et ceci le reste aujourd'hui.

À titre d'exemples, Simone de Beauvoir pouvait enseigner la philosophie en 1929, mais sans avoir le droit de vote – comme si elle n'avait pas assez de raison pour être en capacité de voter. Marie Skłodowska-Curie avait reçu deux prix Nobel, en 1903 et 1911, mais elle n'avait pas le droit de vote et, comme toute femme mariée, elle était considérée par la loi en « incapacité civile ». En France, le droit de vote ne fut accordé aux femmes qu'en avril 1944, quelques mois avant la conférence de Jean-Paul Sartre. Jusqu'en 1965, une femme ne pouvait pas ouvrir un compte bancaire sans l'accord de son mari. En France, jusque 2004, l'usage faisait que les femmes adoptaient le nom de leur mari comme nom d'usage, en lieu et place de leur nom de naissance, et les enfants portaient le nom de famille du père, comme si l'identité de la femme mariée provenait essentiellement du rattachement à son mari. Etc.

L'humanisme est un projet de liberté.

De même, la France de 1944, ce ne sont pas seulement 40 millions de citoyens français. Ce sont aussi 70 millions d'« indigènes » répartis dans un vaste empire colonial où presque aucun n'est citoyen et n'a un rôle décisionnel, tout en étant fortement exploités. Quant aux bienfaits « civilisateurs », alors que ces territoires étaient français depuis des décennies, plus de 80 % des indigènes n'avaient pas accès à l'école et restaient illettrés. Le racisme, la condescendance et la rapacité se sont conjugués dans l'histoire pour établir une discrimination générale.

Le tableau dressé à grands traits pour la France vaut pour tout le monde « développé ». Dans un tel contexte, où la *hiérarchie des dignités* restait majoritaire, les courants humanistes radicaux se battaient contre la ségrégation et la servitude.

En termes philosophiques, le projet de considérer tout être humain comme une personne, avec une égale dignité, implique de le reconnaître comme *autonome*. Tel qu'il s'est cristallisé au XVIIIe siècle, ce concept s'exprime ainsi : l'autonomie est la capacité à décider par soi-même (auto-) de sa règle, de sa loi (-nomie), c'est-à-dire la capacité d'être son souverain. Être souverain, cela veut dire pour cet être décider par soi-même de ce qui le concerne – ce qui touche à des questions fondamentales comme à des choses secondaires. Tous les vrais courants humanistes ont donc été historiquement occupés à lutter contre l'hétéronomie, c'est-à-dire une situation où la règle ou la loi nous est imposée de l'extérieur, sans notre gré.

Aujourd'hui, le respect de la liberté individuelle fait figure de référence éthique et politique fondamentale – mais avec des pans importants où ce respect est peu appliqué. L'autonomie est devenue un principe partout présent. On parle de l'autonomie de la femme, de l'autonomie en situation professionnelle, d'apprentissage de l'autonome par l'écolier ou de l'autonomie de la personne malade. L'autonomie est devenue notre boussole principale. Mais, malheureusement, cette autonomie reste peu cultivée dans bien des registres professionnels. Pire encore, lorsqu'on parle d'étrangers, cette boussole de l'autonomie est oubliée sous le poids de fabulations multiples.

L'autonomie est la capacité à décider par soi-même (auto-) de sa règle, de sa loi (-nomie), c'est-à-dire la capacité d'être son souverain.

*

Dans cette célébration contemporaine de l'autonomie, pourtant, quelque chose nous paraît distordu ou affadi vis-à-vis de l'esprit de l'humanisme. La philosophie de l'autonomie est aujourd'hui presque synonyme de philosophie du *consentement*. Le respect de l'autonomie des femmes s'assimile à leur consentement et le respect de l'autonomie des patients à l'obligation de recueillir leur consentement – et tout cela se trouve nimbé d'une aura de progrès dans le respect humain. On sent un quelque chose de juste, mais en même temps cet éloge de la formule « Je consens » paraît un peu étriqué et superficiel. La formule est-elle vraiment magique ? Dire « je consens », est-ce cela l'autonomie ?

Tout d'abord, la traduction dans le monde réel en est parfois surréaliste : on nous fait signer des papiers. Où est ici le respect ? Où est la relation humaine ? Ces papiers signés sont du sens délavé, de la relation humaine désinvestie. Ils sont en partie une façon de se couvrir juridiquement et de fuir l'engagement envers autrui. Or, même aux yeux des juristes, un papier signé ne vaut consentement que si la personne a compris et choisi librement. Ce n'est pas tant le consentement qui importe que le consentement *libre* et *éclairé*. Le respect de l'autonomie se trouve dans ces adjectifs, alors que le substantif, « consentement », ne fait qu'indiquer l'*expression* de cette autonomie. De ce fait, un papier signé n'est qu'un *indice* de consentement libre et éclairé. Si on s'aperçoit que la personne est illettrée, qu'elle n'est pas en état de lire, que le texte écrit sur le papier est peu compréhensible, ou qu'il ne correspond qu'imparfaitement au choix réel à laquelle cette personne est confrontée, alors il n'y a pas de consentement *éclairé* mais une routine, un alibi ou une paperasse quelconque. De même, si on s'aperçoit que la signature a été faite sous l'influence du regard d'autrui, sous la pression du manque de temps ou sous l'apparence d'une simple formalité, alors il n'y a pas de consentement *libre*. Les recueils de consentements, en milieu médical, sont rarement vraiment éclairés et vraiment libres, si on y regarde de près. Ils ne sont pas pour autant inutiles, car ils ont au moins le mérite d'indiquer qu'il y a quelque chose qui nécessiterait un consentement libre et éclairé.

Le premier problème que nous venons de rencontrer pourrait être appelé le *problème de la profondeur et de la pertinence du consentement*. Il renvoie à l'épineuse double question de la compréhension et de la liberté. Or, en ces deux matières, les choses ne fonctionnent pas comme des interrupteurs qui basculeraient entre « je ne comprends pas » et « je comprends », ou entre « je suis contraint » et

> **La philosophie de l'autonomie est aujourd'hui presque synonyme de philosophie du consentement.**

> **Dire « je consens », est-ce cela l'autonomie ?**

> **Ce n'est pas tant le consentement qui importe, mais le consentement *libre* et *éclairé*.**

> **Le problème de la profondeur et de la pertinence du consentement**

« je suis libre ». On comprend *plus ou moins* et on est *plus ou moins* pris dans un tissus d'influences *plus ou moins* fortes. Il serait plus juste d'en appeler *au consentement le plus libre et éclairé possible compte tenu de la situation*.

En introduisant ce « le plus... possible », on pose une exigence qui va bien au-delà d'une paperasse à signer. On oblige celui qui demande le consentement à sortir d'une routine standardisée, à regarder la situation humaine et à s'interroger sur le niveau de profondeur jusqu'où il est juste d'aller. On l'oblige à se poser la question de ce qu'est l'attitude *juste*. On passe d'une routine à une question de conscience.

En ajoutant « compte tenu de la situation », on tient compte de la réalité : face à un migraineux sévère il est plus utile pour le médecin de soigner sa migraine que de requérir de sa part une lucidité parfaite qu'il ne peut pas avoir ; s'il a fait appel à vous en tant que médecin, vous savez déjà qu'il souhaite que vous l'aidiez face à sa migraine. Parfois, l'urgence va s'en mêler, qui ne laisse pas le temps au médecin de se lancer dans de longues explications ou de laisser mûrir chez le patient une décision bien pesée. Tenir compte de la situation, ce n'est bien sûr pas trouver toutes sortes d'alibis pour s'exonérer de la recherche du consentement, mais savoir juger de la juste profondeur du consentement pour éviter que trop de profondeur nuise à l'aide qu'on peut apporter. Là encore, il s'agit de ne pas s'en tenir à une routine, ou à un apparent bon sens qui n'est qu'une évidence aveuglante, mais de penser plutôt en termes de *question de conscience*.

Dans tous les cas où le consentement, du fait de la situation, a dû rester superficiel, il peut aussi être requis d'en reparler ensemble dès que la situation s'est améliorée, pour discuter des éléments d'accord et de désaccord possibles afin de cheminer au mieux dans l'évolution d'une situation. Ces exemples médicaux peuvent être transposés, bien sûr, à toutes les situations de la vie, qu'elles soient sociales, familiales ou professionnelles.

*

Le second problème, qu'on peut appeler *le problème du déséquilibre du consentement* est jusqu'à présent passé presque inaperçu. Le recueil du consentement repose sur cette structure simple : une personne propose et l'autre consent. Le processus du consentement est donc

Il serait plus juste d'en appeler au consentement *le plus libre et éclairé possible compte tenu de la situation.*

Le problème du déséquilibre du consentement

orienté. L'un a le pouvoir de créer la proposition. L'autre n'a que l'acceptation. Si l'orientation se trouve couplée à une mise-en-commun, par exemple sous forme de discussion ou de signes non verbaux, elle pose peu problème car l'initiative d'un « je » se transforme peu ou prou en projet-action d'un « nous ». Dans ce cas, la proposition initiale peut être remodelée et transformée pour être une proposition du « nous ». On obtient un *accord*. Mais si ce n'est pas le cas, la seconde personne a, de fait, une marge d'action très réduite.

> **Le recueil du consentement repose sur cette structure simple : une personne propose et l'autre consent. Le processus du consentement est donc *orienté*.**

Quand le modèle du consentement a tendance à n'être pris que dans son ossature de base, il n'y a de choix qu'entre « Je consens » et « Je ne consens pas ». Il y a certes un choix, mais il s'agit d'un choix pauvre, car ce choix est contraint. Dans ce cadre, on risque de retrouver souvent la rhétorique de la fausse alternative : ou bien vous faites ce que je vous propose, ou bien on ne fait rien. De fait, ce type de situation recèle souvent une forme de chantage émotionnel : si vous ne faites pas ce que je dis, je vous délaisse. *Si on s'en tient à sa structure de base, le modèle du consentement est donc une forme impropre et assez insatisfaisante du respect de l'autonomie.*

> **Si on s'en tient à sa structure de base, le modèle du consentement est donc une forme impropre et assez insatisfaisante du respect de l'autonomie.**

Le premier exemple peut être tiré, là encore, du monde médical, qui a eu le mérite de réfléchir intensément à la relation médecin-patient·e. Après avoir connu le modèle dominant du médecin paternaliste, qui n'avait pas à s'enquérir du consentement du patient ou de la patiente parce qu'en tant que médecin il était sensé savoir ce qui était bon pour lui ou elle, le modèle actuel dominant est celui du consentement, avec un·e médecin qui propose et un·e patient·e, qui consent. Il s'agit bien sûr d'un progrès. Le problème est qu'il est pensé comme une évidence, comme le modèle éthique par excellence, alors que ce n'est pas le cas, pour deux raisons.

> **L'exemple de la relation de soin**

La première raison vient de ceci : la réalité des consultations montre parfois une orientation inverse : c'est le patient ou la patiente qui propose et le ou la médecin qui consent. On comprend que cette situation puisse gêner les médecins. Vis-à-vis du modèle du consentement, elle est pourtant strictement équivalente à la situation classique. Cette inversion a le mérite de faire ressortir l'aspect contraint et forcé du choix qu'on met l'autre en demeure de faire.

Heureusement, dans les faits, un élément change tout. Si on décrit plus exactement la situation médicale précédente, elle est en fait souvent plutôt celle-ci : le ou la patient·e propose et *souhaite discuter* avec le ou la médecin, qui n'est pas placé·e devant l'alternative « Je consens » ou « Je ne consens pas », mais devant la question ouverte « Qu'en pensez-vous ? », c'est-à-dire devant *une invitation à la mise-en-commun*. Ceci montre qu'on peut penser et agir en dehors du modèle du consentement et que cela peut être plus respectueux.

Il serait judicieux de transformer, de la même manière, la situation d'un·e médecin qui propose et d'un·e patient·e qui consent en introduisant – entre la proposition et le consentement – ce « Qu'en pensez-vous ? », cette invitation à la mise-en-commun, ce passage à la recherche d'un accord.

La seconde raison pour laquelle le modèle du consentement n'est pas le meilleur, est plus évidente : il se peut que le ou la patient·e *ne consente pas*. Le ou la médecin risque de se sentir vexé·e ou frustré·e d'être plongé·e dans l'embarras par un·e patient·e récalcitrant·e[10]. Le ou la médecin risque aussi d'en déduire que le ou la patient·e refuse les soins – ce qui est faux. En fait, le ou la patient·e ne refuse pas *les* soins mais *ce soin-là*. De plus, il ou elle aurait souvent préféré ne pas se retrouver dans cette situation de dire « non ». Pour en venir à dire « non », il faut d'ailleurs y être poussé par des raisons qu'on juge importantes. Le résultat est là, insatisfaisant : dans la stricte logique du modèle du consentement, on aboutit à une impasse, à un·e médecin exaspéré·e et un·e patient·e non soigné·e.

Dans les faits, si le ou la médecin a un peu d'intelligence de la situation, plutôt que de se cabrer, il ou elle va quitter le modèle du consentement en demandant *pourquoi* il ou elle ne consent pas. On passe ainsi, d'une proposition-je, à une discussion-nous, qui préfigure souvent une proposition-nous. La *mise-en-commun* permet de dépasser l'impasse du modèle du consentement et de passer à un autre modèle, le *modèle de l'accord*.

---

10 Je tiens à remercier Bettina Granier, médecin, philosophe et patiente, pour ces réflexions sur le refus de soin et les patient·e·s récalcitrant·e·s. Comme celles et ceux qui ont pu l'écouter, nous aimerions aussi avoir le plaisir de la lire davantage.

Dans le monde médical, des formes de ce modèle de l'accord ont même été théorisées et mises en pratique de longue date dans ce qu'on appelle l'entretien motivationnel, l'approche centrée patient, ou la décision partagée avec révélation des préférences, trois outils plus efficaces et respectueux que le modèle du consentement[11]. L'un de ses effets indirects est de s'épargner le risque du refus de soin, puisqu'on commence par un processus de mise-en-commun où le but est l'élaboration d'une proposition commune, c'est-à-dire la recherche, parmi tous les soins possibles, du plus pertinent pour le tandem patient-médecin.

L'exemple des relations amoureuses

Le second exemple, celui des relations amoureuses, est encore plus révélateur[12]. Depuis 2017, un vent salutaire de ras-le-bol face aux viols, agressions sexuelles et harcèlements secoue nos sociétés. Ce sont autant d'atteintes insupportables à l'autonomie des femmes (et des hommes) – des atteintes malheureusement très répandues[13]. Sans doute est-ce là

---

11 Je tiens à remercier Alain Brémond, professeur de chirurgie en cancérologie, et ma collègue Nora Moumjid-Ferdjaoui, dont les travaux théoriques et pratiques sur la relation médecin-patient m'ont beaucoup fait réfléchir. Je remercie aussi Alain Moreau et Yves Zerbib, professeurs de médecine générale, pour m'avoir fait découvrir l'approche centrée patient·e. L'intense acuité intellectuelle de Nora et le compagnonnage en pointillé que nous avons entretenus ont été essentiels pour faire mûrir ces réflexions.

12 J'ai écrit ce texte avant que Vanessa Springora ne publie *Le Consentement* et ne fasse le récit de la relation qu'elle a eu avec Gabriel Matzneff alors qu'elle n'avait que 14 ans. La question du consentement sous emprise y est essentielle, c'est-à-dire la question de la pression psychologique et de la manipulation mentale. Le consentement n'est pas l'alpha et l'oméga de l'éthique en matière de relation amoureuse. Il peut même être un piège rhétorique.

13 J'ai eu la curiosité de demander – avec tact – à mes ami·e·s proches, de ma génération, si elles avaient dû subir des agressions à consonance sexuelle, du harcèlement, voire pire. Toutes, sans exception, m'ont fait quelques récits. Une seule avait porté plainte. Leurs souvenirs en étaient vifs, mais dans leur cas non traumatiques, quoiqu'elles aient toutes été marquées au point de se les remémorer précisément parfois des décennies plus tard. Certaines d'entre elles avaient même vécu quatre expériences de ce type. Il ne s'agissait pas de simples blagues salaces, ou de propos un peu grossiers, mais bien de *gestes*. Il est aussi possible qu'elles ne m'aient pas confié les événements les plus graves. Par comparaison, moi, homme, n'ai jamais vécu ce genre de choses sur ma personne. Je les remercie de ces témoignages, qui ont contribué à me dessiller les yeux.

un tournant culturel comme il n'en arrive qu'un ou deux par siècle – nous n'avons pas fini d'en suivre le cours et d'en mesurer les effets. La question est avant tout une question éthique, une question de respect. Des femmes (et des hommes) exigent avec raison que les belles paroles se traduisent en actes et que les comportements changent.

Dans ce mouvement, le modèle avancé comme modèle à suivre est là encore celui du consentement. Les mêmes remarques qu'auparavant méritent d'être faites. D'une part, dans sa structure de base, ce modèle reprend le cadre traditionnel « L'homme propose et la femme consent » – ce qui est en fait une forme de masculinisme.

Par ailleurs, déroulée jusqu'au bout, la logique du modèle conduit certains à recommander l'obtention d'un consentement enregistré, – écrit ou exprimé sur un téléphone-enregistreur – en suivant la discipline procédurale du recueil formel du consentement. Ici aussi, si nous voulons que le consentement soit *éclairé*, alors l'acte à venir devrait bien préciser les modalités et le déroulement de la relation amoureuse, voire sexuelle. Il est aisé d'imaginer à quel point ce type d'approche procédurale peut ôter toute envie de faire l'amour ou même de fleureter. On y remplace le jeu amoureux par une bureaucratie. Il est évident aussi que, selon cette logique, s'il prenait envie au couple de quitter le scénario préétabli, il conviendrait de suspendre l'élan amoureux pour établir un avenant au consentement initial. Toute la dynamique émotionnelle positive du désir partagé et de la rencontre se trouverait réduite en miettes par une grisaille procédurière. L'aspect séquentiel « consentement *puis* acte » est peu pertinent pour la rencontre amoureuse. (Il s'appliquerait mieux à la prostitution, si elle s'effectuait dans un cadre contractuel, mais il y aurait beaucoup à dire à ce sujet, et ce n'est pas de ce type de relation dont nous voulons parler ici).

De plus, le modèle du consentement propose un choix contraint. Or, en matière de relations amoureuses, le risque de chantage affectif est manifeste : « Je te propose ceci. Si tu ne consens pas, je boude, je me moque de toi, ou je te quitte ». Ce type de proposition suit à la lettre le cadre du modèle de consentement, mais il est évident qu'il n'est pas respectueux et qu'il force la personne. Lorsqu'on vante le modèle du consentement, on oublie de dire qu'il existe des consentements *à reculons*, des consentements *sans accord*. Certes, la personne dit « Je

La discipline procédurale du recueil formel du consentement

Il est aisé d'imaginer à quel point ce type d'approche procédurale peut ôter toute envie de faire l'amour ou même de fleureter. On y remplace le jeu amoureux par une bureaucratie.

Lorsqu'on vante le modèle du consentement, on oublie de dire qu'il existe des consentements *à reculons*, des consentements *sans accord*.

consens » mais en fait elle consent à un côté d'une alternative où l'autre côté est pire – le choix est forcé. On vous met en demeure d'écraser votre navire sur le récif de Scylla ou d'être englouti dans le vortex de Charybde : acculé, on pourra préférer mourir sur la côte ou sombrer dans l'abîme, mais le cœur se révulse face à l'un comme à l'autre. Il y a consentement sans accord, car, au cœur du mot « accord » s'exprime un souhait positif.

En fait, en matière de relation amoureuse, mieux que le modèle du consentement il faut penser au *modèle de l'accord*. La relation amoureuse n'est pas un contrat d'engagement réciproque, mais une rencontre sociale et intime qui chemine et s'invente. Ce doit être l'invention d'une mise-en-commun progressive, où rien n'est forcé et où tout est souhaité, dans l'*accord*.

Mieux que le modèle du consentement il faut penser au modèle de l'accord.

Le *modèle de l'accord* : ce doit être l'invention d'une mise-en-commun progressive, où rien n'est forcé et où tout est souhaité, dans l'accord.

6

Accord : synomie et dissynomie

Le modèle du consentement est *déséquilibré,* car orienté (l'un propose, l'autre consent). Il est *séquentiel*, car procédural. Il induit le risque d'un consentement *à reculons*, non souhaité.

Par comparaison, le modèle de l'accord est équilibré, concomitant et positif.

Le modèle de l'accord est *équilibré* parce qu'il part d'une rencontre, d'une *mise-en-commun* : « comprenons-nous ; voyons ce que nous pourrions faire ensemble ». L'initiative et la création du projet-proposition ne sont pas l'apanage d'un seul. Elles sont d'emblée appréhendées comme une construction commune. Ainsi, le médecin et le patient regarderont ensemble la situation et ce qu'il serait possible de faire – chacun ayant des éléments complémentaires à apporter et à combiner. Ou encore, en matière de relations amoureuses, le couple qui, peut-être, va se former, va se coconstruire par petites touches, un regard répondant à un autre, les paroles s'échangeant, les attitudes corporelles se répondant, etc. – chacun va s'exprimer à sa façon. La mise-en-commun est l'ouverture d'un *nous*, d'un compagnonnage. Ce compagnonnage peut être médical, amoureux, professionnel, filial-parental, etc. Le modèle de l'accord est un modèle éthique général.

Le modèle de l'accord est *concomitant* parce qu'à chaque instant on s'accorde sur « où on en est ». Le modèle du consentement a d'ailleurs une certaine conscience de cela, puisqu'il affirme qu'à tout instant la personne peut revenir sur son consentement – mais en pratique il est vécu comme une forme de contrat portant sur l'avenir et les gens se

---

Le modèle du consentement est déséquilibré, car orienté. Il est séquentiel, car procédural. Il induit le risque d'un consentement à reculons, non souhaité.

Le modèle de l'accord est équilibré, concomitant et positif.

Le modèle de l'accord est équilibré parce qu'il part d'une rencontre, d'une mise-en-commun : « comprenons-nous ; voyons ce que nous pourrions faire ensemble ».

La mise-en-commun est l'ouverture d'un *nous*, d'un compagnonnage.

Le modèle de l'accord est un modèle éthique général.

Le modèle de l'accord est *concomitant* parce qu'à chaque instant on s'accorde sur « où on en est ».

sentent engagés, voire liés ou contraints. Le modèle de l'accord est un modèle qui, *à chaque instant*, repose sur l'accord. En pratique, il y a bien une temporalité, mais celle-ci est constamment exploratoire et soucieuse de mettre à plat et de résoudre les germes ou motifs de désaccords possibles. Qu'il s'agisse de parole, d'expression ou de partage intime, il repose sur le principe qu'à chaque instant chacun est d'accord pour être là et explorer ensemble. Si ce n'est pas le cas, nul ne doit forcer l'autre. La mise-en-commun peut ainsi s'approfondir à son rythme, ou, à l'inverse, se désapprofondir à son rythme, jusqu'à, parfois, une dissolution du « nous » commun.

Le modèle de l'accord est *positif*, car à aucun moment l'un ne doit se retrouver piégé dans un choix contraint ou dans un choix à reculons. Si l'un ne trouve plus de positivité dans ce « nous », le « nous » n'a plus lieu d'être, ou plus sous cette forme-là. Le mot « accord » puise à l'étymologie latine *cor, cordis*, c'est-à-dire : cœur. L'accord entre deux personnes est le sentiment d'une rencontre juste, une rencontre qui n'est pas seulement acceptée mais vécue de façon positive, ne fût-ce que de façon minimale. L'accord peut être plus ou moins fort, de la simple *cordialité* à la profonde *concorde* (où on est en lien « *de tout cœur* »), en passant par l'action « *de gaîté de cœur* ». À l'inverse, l'accord ne peut pas exister lorsqu'on fait *à contrecœur* ou qu'on est *écœuré* – il y a alors *discorde*.

L'accord est toutefois un sentiment bien particulier, parce qu'il a quelque chose de réflexif. Dans l'accord, il y a une conscience d'être d'accord, si bien que tout accord est un mixte de réflexion et d'émotion.

Du fait de ces trois caractéristiques, le modèle de l'accord est à la fois éthiquement exigeant et pragmatiquement souple, à l'image de deux personnes qui chemineraient ensemble pendant un temps. Rien ne les y oblige. Un « nous » de compagnonnage ou d'accompagnement réciproque se construit comme un *monde humain commun*, fut-il réservé à une dimension bien particulière de la vie, qu'il s'agisse de sexualité, d'amour, d'activité professionnelle, de soin, de rencontre amicale, voire même de relation client-commerçant honnête. De ce fait, le modèle de l'accord est une sorte de façon de tendre des perches pour une relation humaine là où parfois les instructions de management voudraient réduire les échanges à des relations instrumentales où chacun ne fait qu'utiliser l'autre. Or, l'éthique de l'autonomie, telle qu'elle a été pensée au XVIIIe siècle, est justement une éthique où on ne doit jamais perdre de vue qu'une personne est une fin et pas seulement un moyen : ne l'appréhender que comme un simple outil, que comme un simple instrument, serait la ramener au statut de chose et non de personne.

Le modèle de l'accord, mieux que le modèle du consentement, exprime l'éthique humaniste de l'autonomie.

*

Une remarque d'éthique et de métaphysique mérite ici d'être faite. L'éthique s'est bâtie depuis le XVIIIe siècle sur les concepts opposés d'autonomie et d'hétéronomie, qui font directement écho aux concepts de liberté et de contrainte.

Les concepts de *mise-en-commun* et d'*accord* s'inscrivent dans la filiation de l'éthique de l'autonomie, mais ils en sont aussi une prise d'écart, car le « nous » n'est pas le « je » de la personne autonome. Deux questions se posent. Ce « nous » relève-t-il de l'autonomie ou de l'hétéronomie ? Peut-on ou doit-on penser une éthique du « nous » ?

En tant que j'appartiens au « nous » et que je participe de sa dynamique, le « nous » relèverait de l'autonomie, mais en temps que ce « nous » est aussi sous l'influence poreuse d'un « tu » avec qui le « je » agit, il serait dans un régime d'hétéronomie. Penser ainsi est en fait couper le « nous » en deux parties, un « je » et un « tu », alors que nous avons montré qu'un « nous » n'est pas simplement l'addition des deux, mais une entité humaine dotée de propriétés spécifiques.

De ce fait, penser le « nous » éthique exige de penser sous une nouvelle catégorie, qui n'est ni l'autonomie, ni l'hétéronomie, mais d'une « nomie » faite *ensemble*. De ce fait, on peut l'appeler *synomie* en utilisant le préfixe grec *syn-* qui signifie « avec ». En opposition, nous aurions le concept de *dissynomie*.

Nous pourrons dire qu'*il y a synomie au sens éthique lorsqu'un « nous » agit sous le régime d'un accord et dissynomie lorsqu'un « nous » agit dans un régime de discorde interne.*

On peut alors penser le « nous » de la synomie comme une *personne commune* au sens fort, comme un « nous » doté de son autonomie de « nous » collectif.

Le modèle de l'accord, mieux que le modèle du consentement, exprime l'éthique humaniste de l'autonomie.

Les concepts de *mise-en-commun* et d'*accord*

**Le concept de *synomie* : un « nous » agit sous le régime d'un accord.
Dissynomie : un « nous » agit dans un régime de discorde interne.**

On peut alors penser le « nous » de la synomie comme une *personne commune* au sens fort

Ne croyez pas qu'il ne s'agit que de concepts éthérés. Nous ne sommes pas dans l'abstraction exotique puisque les juristes ont depuis longtemps une catégorie voisine, celle de « personne morale » (« legal person » ou « legal entity » en anglais, « juristische Person » en allemand, etc.). Ils entendent par là une entité dotée de droits et de devoirs, par exemple un État, une entreprise ou une association.

Toutefois, à la différence du monde du Droit, qui conçoit ces personnes morales comme des fictions juridiques, nous souhaitons que l'on considère que lorsqu'un « nous » est assez dense, il ait autant de réalité qu'un « je », c'est-à-dire qu'un « nous » puisse rester totalement humain et ne soit pas une abstraction – le Droit aurait d'ailleurs peut-être intérêt à réenraciner les personnes morales dans la réalité humaine quand on voit comment des entreprises en viennent à s'exonérer de leurs droits et obligations par des jeux de dissolution-construction de personnes morales[14].

Incidemment, accorder une place éthique à un « nous » éthique permet de résorber la différence entre l'*éthique* et la *philosophie politique* si on entend par « politique » le vivre-ensemble d'un groupe, qu'il soit petit ou grand. Pour être plus précis, on peut en particulier penser aux « nous » des couples, des familles, des collectivités professionnelles agissant ensemble, des associations, des communes, des États et de l'ensemble de l'humanité sur Terre, etc.

Au sens où nous les entendons, les *personnes communes* n'ont rien de fictif. Alors qu'une « personne morale » ou une « legal entity » peuvent ne reposer sur aucun accord et n'être enracinées sur aucune humanité véritable, le concept de personne commune ne perd pas de vue les êtres humains. Plutôt que de créer un machin juridico-administratif, il parle de dignité et de responsabilité humaines.

Les *personnes communes* n'ont rien de fictif.

---

14 À l'heure où nous écrivons ces lignes, certains juristes se demandent si le rachat de la firme Monsanto par la firme Bayer, les numéros 1 et 3 de la chimie, ne sera pas un moyen d'éviter le paiement de plusieurs milliards de dommages et intérêts aux victimes du glyphosate, produit par Monsanto. La multinationale Monsanto a été condamnée le 10 août 2018 à verser 253 millions d'euros à Dewayne Johnson, un jardinier américain atteint d'un cancer. 4 000 dossiers d'autres victimes potentielles sont en cours d'étude rien qu'aux États-Unis. Ce pays comptant 4,4 % de la population mondiale, on imagine l'ampleur du problème si on pense à l'utilisation mondiale du glyphosate.

Dès qu'on prend conscience qu'une majorité de nos actes sont des actes coordonnés et collectifs, on s'aperçoit que la notion de personne commune peut être amenée à jouer un rôle crucial. Faut-il préférer des actes collectifs qui ne reposent que sur la contrainte ou sur des accords très faibles, ou des actes collectifs soutenus par un accord plus important ? Dans le premier cas, deux risques sont majorés : celui d'un acte collectif délétère, désapprouvé par la plupart des personnes, et celui d'un acte collectif qui pourrait être bon, mais qui va se trouver saboté par la zizanie et la mésentente du groupe. Nous y reviendrons quand nous aborderons la question de la responsabilité, car, au fond, les collectifs discordants majorent le risque de conduites irresponsables, alors que dans un groupe agissant comme une personne commune chacun se sent engagé et tient à ce que la personne commune fasse selon son accord. Le lien d'accord repose à la fois sur le souci de la *réputation* de la personne commune – dont chacun va bénéficier – et sur la *réputation* au sein du groupe de chaque personne individuelle. Passer par le concept de « personne commune » permet à la fois d'augmenter l'harmonie humaine et d'introduire de la responsabilité. En un sens, c'est une réponse à ce que Garrett Hardin a appelé *La Tragédie des communs*[15], mais sous un angle plus systématique et général, car il ne s'agit pas seulement de biens communs mais surtout de toute *action commune*, de toute *responsabilité commune* et de toute *personne commune*.

Une majorité de nos actes sont des actes coordonnés et collectifs. La notion de *personne commune* peut être amenée à jouer un rôle crucial.

La plus grande souffrance de notre monde est due à l'irresponsabilité, c'est-à-dire à l'absence de personnes communes qui répondent de leurs actes : dérèglement climatique, guerres, dictatures, injustices dans les règles économiques internationales, etc.

La plus grande souffrance de notre monde est due à l'irresponsabilité, c'est-à-dire à l'absence de personnes communes qui répondent de leurs actes.

Pour chaque type de groupes devant exister pour répondre de ces actes, il faut penser des modalités d'accord qui lui correspondent, c'est-à-dire des façons de vivre et de décider qui sont souhaitées par les êtres humains de chacun de ces groupes. Nous avons évoqué plus haut le tout petit groupe de deux amants et le tandem soigné·e-soignant·e. Nous aborderons brièvement plus loin les très grands groupes que sont les États. La place et la compétence nous manquent pour aller au-delà de simples esquisses à propos de ces diverses modalités d'accord qui seraient adaptées à la diversité des groupes.

---

15   Hardin (Garrett) : *La Tragédie des communs [1968]*.

Par ailleurs, certains « nous » sont fugaces, d'autres requièrent de la souplesse, d'autres encore se cherchent et s'inventent, si bien qu'à des modalités trop formelles il faut parfois préférer une culture de la bonne disposition de chacun et du respect, ou de la « vertu » au sens aristotélicien.

*

Pour chacun de ces « nous », *notre nouvel humanisme a donc pour projet de le faire exister en synomie plutôt qu'en dissynomie.*

L'humanisme a toujours été un projet d'*éducation* des personnes pour les rendre libres et un projet *politique* pour assurer la plus grande liberté de tous. L'éthique des « nous » et de la synomie permet d'articuler les deux et de systématiser l'exigence éthique.

On connaît l'impératif éthique tel qu'il est formulé par Emmanuel Kant (1785) :

> « Agis de telle sorte que tu traites l'humanité aussi bien dans ta personne que dans la personne de tout autre, toujours en même temps comme une fin et jamais simplement comme un moyen. »[16]

Nous pourrions le reformuler ainsi pour le systématiser :

> 1. Je dois agir de telle sorte que je traite l'humanitude[17] aussi bien dans ma personne que dans la personne de tout autre, individuelle ou commune, en la considérant toujours comme une fin – c'est-à-dire une personne – et jamais seulement comme un moyen – c'est-à-dire un instrument ou une simple chose.

> 2. Lorsque, pour respecter au mieux l'humanitude, il est plus pertinent d'agir avec autrui, alors je dois le faire.

> 3. Lorsque j'agis au sein d'un groupe, je dois respecter l'humanitude aussi bien dans ma personne que dans la personne de tout autre au sein et en dehors du groupe, en la considérant

---

Pour chacun de ces « nous », notre nouvel humanisme a donc pour projet de le faire exister en synomie plutôt qu'en dissynomie.

Les quatre points de l'impératif éthique :

1. Je dois agir de telle sorte que je traite l'humanitude aussi bien dans ma personne que dans la personne de tout autre, individuelle ou commune, en la considérant toujours comme une fin – c'est-à-dire une personne – et jamais seulement comme un moyen – c'est-à-dire un instrument ou une simple chose.

2. Lorsque, pour respecter au mieux l'humanitude, il est plus pertinent d'agir *avec autrui*, alors je dois le faire.

---

16 Kant (Emmanuel) : *Fondements de la métaphysique des mœurs* [1785], pp. 148-153.

17 Comme il est ici question de la condition humaine et de sa qualité de *personne* à *respecter* – et non de la population humaine – il paraît préférable d'utiliser le concept d'*humanitude*, moins ambigu que le terme d'humanité.

toujours comme une fin et jamais seulement comme un moyen. Je dois donc rechercher l'accord le plus profond possible entre les personnes.

4. En tant que personne commune, nous devons agir de telle sorte que nous traitions l'humanité aussi bien dans notre personne que dans la personne de tout autre, individuelle ou commune, en la considérant toujours comme une fin et jamais seulement comme un moyen.

L'impératif éthique se trouve ainsi exprimé en quatre clauses emboîtées :
- La première rappelle l'impératif éthique dans sa dimension individuelle.
- La seconde affirme le devoir de franchir parfois le seuil de l'individuel au collectif.
- La troisième exprime le devoir de transformer le plus possible un simple collectif en une personne commune, c'est-à-dire en aidant à la concorde des fins, des personnes, de l'humanité.
- La quatrième établit la personne commune comme *personne* commune, donc sous forme d'un « nous » éthique ayant la dignité de personne et devant être respectée comme telle.

Une remarque pour les philosophes : on peut en déduire l'impératif reformulé par Hans Jonas[18], mais de façon mieux fondée.

*

Puisqu'il est beaucoup question de « commun », il faut préciser que cette pensée des personnes communes n'a bien sûr rien à voir avec le communisme soviétique ou le communautarisme traditionaliste. Le communisme fut, de fait, une forme de dictature tout en étant dans sa théorie un agencement de rapports de forces. La philosophie des personnes communes, fondée sur l'accord, est une façon d'éviter l'hétéronomie dictatoriale et de substituer autant que possible aux rapports de force des accords souhaités, un « nous » plutôt que des blocs en confrontation. Quant au communautarisme, il s'agit d'une doctrine où l'identité du « je » se retrouve assignée à un « nous » exclusif, ce qui est à l'opposée de ce que nous proposons.

---

18   Dans *Le Principe responsabilité* [1979].

En fait, toute mise-en-commun qui se voudrait exclusive, c'est-à-dire toute assignation de l'identité d'une personne à son appartenance à un seul groupe, tout communautarisme, pose à la fois un problème d'épanouissement humain, de conflit politique et d'attitude éthique. Comment parvenir à un épanouissement humain lorsque tout est rabattu sur les règles et les caractéristiques d'un groupe autocentré ? Ce n'est qu'une dictature des consciences, ce qu'on appelle aussi un sectarisme. De plus, le communautarisme induit forcément une tension sociale, un conflit latent, parce qu'il se fonde sur une mentalité d'exclusion. En pensant « nous ne sommes pas eux » de façon absolue ou fondatrice, tout ce qui est *autre* est potentiellement *menaçant*, et tout ce qui est *autre* est perçu comme *défaillant*, donc *déviant*, car ne respectant pas les seuls us et coutumes jugés valables, ceux du groupe. La tension présente dans le communautarisme est donc à la fois défensive et offensive, ce qui en fait une forme très délétère.

Toute mise-en-commun qui se voudrait exclusive, c'est-à-dire toute assignation de l'identité d'une personne à *un seul groupe*, tout communautarisme, pose à la fois un problème d'épanouissement humain, de conflit politique et d'attitude éthique.

Enfin, le communautarisme pose un problème éthique fondamental : à force de penser qu'il y a d'un côté « nous » et de l'autre « eux », l'exigence éthique de respect d'autrui s'affaiblit envers les extérieurs par comparaison aux membres du groupe. Le communautariste repose sur la prévalence du groupe d'appartenance vis-à-vis du reste de l'humanité. Parler de *prévalence*, veut dire la croyance à une valeur supérieure. Le communautarisme conduit donc à une idée de hiérarchie des dignités, avec les uns supérieurs aux autres, sur le fond de référence au groupe d'appartenance. Au fond, le communautarisme est raciste.

Le communautarisme est raciste.

La seule façon d'échapper au racisme est d'adopter une attitude non communautariste, c'est-à-dire d'adopter une attitude *poreuse*, ouverte à une multitude de *mises-en-commun*, qu'il s'agisse de cultures, de genres, de richesses, d'âges, de professions, etc.

Plutôt qu'à un réductionnisme de l'humanitude de chacun aux caractéristiques d'un seul « nous », notre nouvel humanisme est une anti-assignation communautariste. Il est le projet de la multiplication des « nous » auxquels peut participer chaque personne individuelle.

Le nouvel humanisme est un projet général, tous azimuts, d'expansion des personnes par l'émergence et la multiplication des personnes communes.

Le nouvel humanisme est un projet général d'expansion des personnes par l'émergence et la multiplication des personnes communes.

Le nouvel humanisme est un humanisme de l'inflation humaine, de la densification des accords humains et de l'amplification de la dignité. C'est un fil conducteur pour tous les types de rapports humains, de la rencontre amoureuse à la politique planétaire.

Le nouvel humanisme est un humanisme de l'inflation humaine, de la densification des accords humains et de l'amplification de la dignité.

7

L'impasse de Hegel
(La reconnaissance)

Reconnaître l'égale dignité de chacun ne va pas de soi. Il faut même dire que, dans l'histoire humaine, la vision inverse a dominé : le noble valait plus que le serf, le riche que le pauvre, l'homme que la femme, le natif que l'étranger, le fort que le faible, l'adulte que l'enfant, le travailleur que l'inactif, etc. Cela nous surprend, mais c'est l'*inégalité des dignités* qui allaient de soi dans les esprits.

Le coup de tonnerre de l'humanisme a été de reconnaître l'égale dignité de chacun. « Chaque homme porte la forme entière de l'humaine condition »[19] disait Michel de Montaigne. C'est son noyau profond, ce noyau qui deviendra proprement révolutionnaire au XVIIIe siècle, point de bascule majeur dans l'histoire – ce noyau qui porte encore aujourd'hui le combat pour l'égalité des femmes, des faibles, des étrangers et de toute personne dévalorisée.

Reconnaître l'égale dignité de chacun, avons-nous dit. Une des questions cruciales est de savoir comment se fait cette *reconnaissance* ? Quelle est la clef qui en ouvre la porte ?

*

L'un des textes les plus élaborés sur la question a été écrit par Georg Hegel au début du XIXe siècle[20]. Avant d'en venir au passage qui parle de

---

19 Montaigne : *Essais*, Livre III, chap. 2.
20 Hegel (Georg Wilhelm Friedrich) : *Phänomenologie des Geistes* [1807], IV, A. Le texte est court, très dense et complexe. Sa place cruciale fut heureusement soulignée par des esprits aussi pénétrants qu'Alexandre Kojève et Paul Ricœur.

la reconnaissance de soi par l'autre, ce philosophe a décrit dans son ouvrage l'étape préalable, qui expose comment une conscience peut devenir une conscience de soi. Ce premier temps suppose une dynamique en trois étapes :

1° Une conscience, dans sa vie ordinaire, est tournée vers ce à quoi elle pense. Elle est donc d'abord une conscience *de quelque chose* ; elle n'est pas conscience *de soi*.

2° Pour qu'elle le devienne, il faut qu'elle se regarde elle-même, c'est-à-dire qu'elle se prenne pour un objet sur lequel porte son attention ; mais alors, parvenue à ce stade, elle regarde son « soi » comme un objet qui lui fait face, comme un autre qu'elle-même ; elle est une conscience observée, regardée comme *autre*.

3° Enfin, si, en regardant cette conscience autre, elle pense en même temps que cette conscience est *elle-même*, alors l'aspect « autre » de ce qu'elle observe lui apparaît comme fictif, ou inessentiel. La vérité d'elle-même se trouve dans le fait qu'elle est à la fois la conscience-sujet qui observe et la conscience-objet observée. Elle a conscience d'être à la fois le sujet qui a conscience, et l'objet dont elle a conscience. Elle devient alors une *conscience de soi*.

G. Hegel remarque que, dès qu'une conscience est conscience de soi, elle sort de la tension ordinaire de la vie, qui lui fait seulement porter attention à la vie du monde et à l'action qu'elle peut faire. D'ordinaire, le sujet fait face au monde, à l'altérité du monde ; il ne pense pas à lui. En étant aussi *conscience de soi*, la conscience voit un objet – sa conscience observée – qui se distingue du monde par une qualité essentielle, celle d'être une conscience. Elle s'attribue donc une singularité et une valeur distinctives.

Toutefois, note G. Hegel, pour l'instant cette distinction ne vaut que pour cette conscience là et pour elle seule, puisqu'à ce moment-là elle est encore la seule à saisir qu'elle est conscience-de-soi.

C'est ici que le penseur introduit la question d'un autrui qui *pourrait* me reconnaître, lui aussi, dans cette valeur distinctive – comme conscience – et, potentiellement, transformer ce statut de singularité en une valeur universelle : ma conscience ne serait pas seulement reconnue dans sa dignité distinctive par un regard égocentré, mais par toutes les autres consciences, affirmant de façon universelle son statut et sa distinction, qui n'en auraient alors que plus de poids et de solidité. Mais, à ce moment du texte, cela n'est pas encore obtenu puisque la rencontre avec autrui n'a pas encore eu lieu.

Dans cette perspective, G. Hegel va concevoir une situation de rencontre très épurée : deux consciences se font face, chacune voulant être reconnue comme conscience par l'autre. Être reconnue comme conscience, cela veut dire être reconnue dans sa volonté de faire – conscience du monde et pouvoir sur le monde – et dans sa vision du monde comme sujet – conscience de soi et source de sens. Dans ce face à face pour la reconnaissance, G. Hegel voit donc deux consciences souveraines qui se rencontrent et qui veulent être reconnues chacune dans leur souveraineté, ce qui induit un *conflit* entre la volonté de l'une et la volonté de l'autre. Cette caractéristique de la rencontre est cruciale, car elle place la dynamique de la reconnaissance sous le régime de l'autocentrage et de la *conquête* de la reconnaissance. Si nous utilisons le concept d'autonomie, nous pourrions dire que chaque conscience veut que sa loi, sa norme, soit reconnue comme la loi et la norme de référence, celle qui prévaut. Or, l'autonomie de l'un n'est pas l'autonomie de l'autre : on ne voit pas et on ne veut pas les mêmes choses, d'où le constat d'une conflictualité qui serait inhérente à la rencontre humaine.

Or, tout conflit est dynamique. G. Hegel nous fait donc voir le déroulement d'une rivalité, c'est-à-dire une phase d'affrontement, puis une victoire de l'un sur l'autre, avec l'établissement d'un rapport de prééminence. La résolution du conflit voit s'instaurer un régime stable de domination. La rivalité a trouvé son dénouement dans une nouvelle situation : l'un est le maître et l'autre son serviteur.

On pourrait penser qu'il s'agit d'une victoire complète pour le maître, une victoire pleinement satisfaisante puisqu'il règne en maître souverain. L'apparence est trompeuse et G. Hegel a la finesse de le montrer en déployant tous les réseaux de significations qui se nouent entre le maître, le serviteur et le monde – que le serviteur est chargé de mettre à disposition du maître. Au final, à travers le réseau complexe des relations, G. Hegel nous montre à quel point la situation est insatisfaisante *pour tous*, y compris pour le maître.

En effet, si nous considérons les relations hiérarchiques possibles entre trois pôles, il existe en théorie six régimes de domination possibles.

La prouesse de G. Hegel est de les explorer tous et de montrer que tous ont une forme de vérité. La combinaison maître/serviteur/monde est la plus apparente et la plus évidente : le maître domine et commande le serviteur, qui lui-même domine et s'empare des choses du monde, les façonne et les donne à consommer au maître. Mais les autres combinaisons font sens aussi :

- Maître/Monde/Serviteur : le maître veut une chose et la demande, le serviteur doit la fournir ou la fabriquer. Le serviteur se retrouve ainsi soumis aux choses, moins important aux yeux du maître que les choses qui captivent son désir.
- Monde/Maître/Serviteur : la chose excite le désir du maître (donc elle exerce une domination sur lui par son attrait). Et le maître commande la chose au serviteur ;
- Monde/Serviteur/Maître : la chose à trouver ou à fabriquer n'est jamais tout à fait simple à trouver ou à fabriquer pour le serviteur. Sa résistance exige un travail. Le serviteur dépend donc de la chose et de ses caractéristiques, et le maître dépend du travail du serviteur : on voit comment l'inverse exact de la première situation a *aussi* sa part de vérité.
- Serviteur/Maître/Monde : le serviteur a la connaissance et la capacité de faire le travail. Il a l'expertise du réel. De ce fait, le maître est sous sa dépendance. Ce qu'il va exiger du monde dépend de la médiation et de la maîtrise du serviteur.
- Serviteur/Monde/Maître : le serviteur, par son travail, transforme et domine les choses pour en faire des produits qui excitent la convoitise du maître, manipulé par ses désirs. Le serviteur peut donc, par les choses, exercer une emprise et une influence sur le maître.

La leçon de ce regard porté sur toutes les combinaisons est que les relations de dominations existent dans tous les sens possibles. Les potentialités d'aliénation et de libération dépendent du jeu de ces dynamiques.

Plus profondément encore, on doit s'apercevoir que le processus a abouti à une reconnaissance de soi comme conscience qui est doublement insatisfaisante.

Pour le serviteur, l'insatisfaction est directe. Il a cédé lors de la confrontation, si bien que l'autre ne lui reconnaît pas de souveraineté de conscience. Le serviteur sait que, aux yeux du maître, il n'existe pas comme conscience libre, distincte et singulière. Sa condition n'est pas d'être libre mais au service du maître. Sa conscience n'a d'intérêt qu'en tant qu'elle prolonge la conscience du maître comme un outil ; elle est donc indistincte, comme le mouvement de l'outil l'est du mouvement de la main qui le manipule. Elle est certes prise en considération comme conscience, c'est-à-dire comme capacité à percevoir et modeler le monde, mais elle n'est pas reconnue comme conscience de soi ayant une souveraineté propre : au contraire, le maître lui dénie la caractéristique d'autonomie et ne la prend en considération qu'en tant qu'elle est soumise. La conscience est donc niée dans sa singularité de conscience de soi par le maître : ce que peut penser, dire et faire le serviteur, de même que sa vision du monde, sont secondaires, inessentiels, voire parasites pour le maître. Pour le serviteur, la quête de reconnaissance s'est donc soldée par un échec total, sauf dans sa propre capacité à reconnaître pleinement la conscience d'un autre, le maître. Le paradoxe est là : le serviteur, parce qu'il l'a accompli, sait ce que reconnaître quelqu'un veut dire, mais il sait aussi qu'on lui dénie cette reconnaissance. La reconnaissance de soi est théoriquement possible, mais interdite dans la réalité, ce qui le plonge dans la frustration. La condition du serviteur est donc hantée par l'amertume et l'envie, ainsi que par l'auto-accusation de s'être laissé dominer. Il y a donc à la fois de la frustration, de la culpabilité et de la mésestime de soi chez le serviteur.

Pour le maître, l'insatisfaction est plus étrange, mais elle est tout aussi incontournable. En effet, être reconnu comme conscience souveraine par une conscience inessentielle, c'est-à-dire par une conscience dont il a nié la valeur, revient à être reconnu par un simple outil. Si j'affirme que « ceci ne vaut pas comme conscience », que peut m'apporter le fait que ce « ceci » soit une conscience qui m'a reconnu comme conscience ? Autant dire que cette reconnaissance ne vaut rien pour le maître et qu'il ne s'agit pas de reconnaissance. Il voulait être reconnu comme conscience souveraine par une conscience valable à ses yeux et il n'a obtenu qu'un prolongement de lui-même, un super-outil multitâches. Le serviteur n'est pour lui qu'un golem ou un robot. Il règne, certes, mais sur un royaume sans personne. Il n'a pas de sujets en face de lui, il n'a que des sujétions, des êtres-choses. Pire : s'il veut maintenir l'exercice de son pouvoir, il est contraint de maintenir le déni de la souveraineté de l'autre. Sa domination repose sur sa non-reconnaissance d'autrui. Son pouvoir ne tient donc que par la dénégation de reconnaître l'autre, qui, intégrée, devient déni, c'est-à-dire occultation. Non seulement il ignore ce que c'est que d'avoir reconnu une personne en tant que personne, mais il est passé de l'ignorance au refus. Il a écarté la reconnaissance de son horizon humain propre.

Ainsi, paradoxalement, dans ce cheminement vers la reconnaissance, le moins avancé se trouve être le maître. Il n'a rien obtenu parce qu'il n'a obtenu qu'une reconnaissance qu'il ne reconnaît pas lui-même. Il est resté au bord de la rive, voire lui a tourné le dos, alors que de son côté le serviteur est au milieu du gué : non seulement le serviteur a une conscience de soi, mais il a aussi une conscience de l'autre, d'un autre dont il a reconnu pleinement qu'il était conscience. Au final, il n'y a que frustration des deux côtés. La reconnaissance est dans une *impasse*, dont G. Hegel a pleinement explicité les raisons.

Comme l'écrivent Axel Honneth et Paul Ricœur[21], le lecteur s'attend à trouver, après ce moment frustrant, un nouveau développement lors duquel s'instaurerait une reconnaissance enfin satisfaisante. Mais il n'y a pas, dans son ouvrage, de passage en miroir de ce genre. Il saute plutôt à l'état de droit, à la communauté éthique et juridique, en prenant le contre-pied de Thomas Hobbes. Il consacre néanmoins plusieurs développements à l'expressivité du visage (physiognomonie[22]) – qui constitue une porte vers la conscience d'autrui dont s'emparera Emmanuel Lévinas[23] – ainsi qu'à l'amour et au statut juridique. Il ne montre pas une sorte de développement dynamique comme il l'a fait auparavant, mais il donne néanmoins une description de l'état final, stable, qui en résulterait, cette situation de reconnaissance mutuelle effective où nous aurions une « conscience de soi reconnue qui a la certitude de soi-même dans l'autre conscience de soi libre ».

---

21   Honneth (Axel) : *La Lutte pour la reconnaissance* [1992], Première partie.
     Ricœur (Paul) : *Parcours de la reconnaissance*, Troisième étude.
22   Hegel (Georg) : *op. cit.*, V, A. V, A, c.
23   Lévinas (Emmanuel) : *Totalité et infini*, 1961.

Il écrit ceci :

> En tous j'intuitionne ce fait qu'ils sont pour eux-mêmes [...] cette essence indépendante que moi-même je suis. En eux j'intuitionne la libre unité avec les autres, et je l'intuitionne de telle sorte que, comme cette unité est par moi-même, ainsi elle est également par eux ; – j'intuitionne Eux comme Moi, Moi comme Eux.[24]

La conséquence la plus importante de cet état est de faire « s'entr'ouvrir un monde éthique »[25]. Il n'est pas étonnant qu'à propos du monde éthique il prenne comme exemples la reconnaissance mutuelle entre épaux ou entre frères et sœurs[26], exemples qu'il étend ensuite de façon universelle.

*

En somme, G. Hegel nous montre d'une part l'impasse que produit une attitude de conquête lorsqu'on souhaite être reconnu comme conscience, et d'autre part ce qu'il en est d'une situation de reconnaissance mutuelle aboutie. Mais le passage de l'un à l'autre reste hors champ et non-dit.

Nous voudrions ici écrire à grands traits cette transition, ce seuil, et ce qui s'y opère. En miroir du texte de G. Hegel sur l'impasse de la reconnaissance par la domination, il s'agit d'écrire le chemin vers la reconnaissance mutuelle.

Reprenons donc nos deux consciences de soi qui se font face. Chacune souhaite être reconnue par l'autre comme conscience de soi, car cette reconnaissance signifierait pour elles qu'elles ne sont pas seules à reconnaître la valeur qu'elles ont reconnue chacune pour elle-même. Si d'autres reconnaissaient cette valeur, chacune de ces consciences n'aurait plus cette fragilité qui la rend presque évanescente et l'afflige d'un sentiment de solitude. Une entité qui aurait conscience d'elle-même, mais dont personne n'aurait conscience, est vouée à être affreusement seule.

---

24 Hegel (Georg) : *op. cit.*, V, B, I, p. 292.
25 Hegel (Georg) : *op. cit.*, V, B, I, p. 289.
26 Hegel (Georg): *op. cit.*, VI, A, a, II, b, p. 23.

Tout se noue sur la question de l'*attitude*, sur la question du *sens de l'élan*. Dans la scène de G. Hegel, la reconnaissance est à obtenir comme une *conquête*, un *trophée*, un *objet* convoité. La souveraineté de la conscience de soi, son indépendance, porte en elle ici l'affirmation du *pouvoir*. Sa signification est l'emprise sur l'autre, ce qu'on pourrait appeler une souveraineté-pouvoir. Il en découle qu'autrui se trouve condamné à être considéré comme un objet, un instrument à soumettre à mon emprise. La reconnaissance, à peine conçue dans le sein des consciences, se trouve privée de naissance et ne donne qu'un enfant mort-né parce que tué dans l'œuf. Telle est l'impasse de Hegel. Les dés sont pipés dès de départ à cause de l'esprit de domination.

De ce fait, pour faire naître vraiment la reconnaissance, il faut changer d'attitude et de sens à l'élan. Il faut transformer la conquête en *quête*, avec sa part de mystère : ce n'est pas un trophée qu'on va chercher, mais un cheminement de soi, une *maturation*. Il faut cesser de regarder la reconnaissance comme un objet convoité et la regarder plutôt comme une inconnue, un *je-ne-sais-quoi*[27]. Plutôt que de s'arc-bouter sur une question de pouvoir obsédante, il faut concevoir sa propre conscience de soi avec plus d'assurance. Elle ne doit plus avoir besoin d'exercer son pouvoir pour se rassurer sur son existence, c'est-à-dire qu'elle doit devenir *puissance* plutôt que pouvoir. Là où le pouvoir prend et ferme, la puissance *est* et *s'ouvre* ; elle écoute ce je-ne-sais-quoi qui pourrait advenir, le potentiel et l'inconnu. L'humeur de l'esprit ne doit plus être à la domination, mais à la *curiosité*.

Dès lors, plutôt que de penser un affrontement où l'essentiel est de faire attention à soi et d'être inattentif à l'autre, il s'agit de garder l'attention à soi et de devenir attentif à l'autre. D'ailleurs, si, dans le monde des choses, votre attention s'est portée vers cette chose-ci – autrui –, ce n'est pas par hasard : elle n'est pas seulement une chose pouvant être perçue mais aussi un visage, une physiognomonie. Comme le dirait Emmanuel Lévinas, quelque chose qui n'est pas une chose perce à travers le masque de la chair et vous invite à saisir un visage, fait à la fois de chair et de conscience, indissolublement mêlées. La reconnaissance est à la fois abstraite et sensible.

---

27 J'emprunte ici, à ma façon, un concept de Vladimir Jankélévitch : *Le Je-ne-sais-quoi et le presque rien*, (tome 1 : *La Manière et l'Occasion* ; tome 2 : *La Méconnaissance, le Malentendu* ; tome 3 : *La Volonté de vouloir*).

Si vous *cherchez* la reconnaissance, alors la dynamique de la curiosité, la *recherche*, la quête, vous font *envisager* les choses sous un nouveau jour, un jour propice au je-ne-sais-quoi qu'y pourrait s'y nicher. Vous n'avez encore rien trouvé, mais votre conscience de soi est déjà conscience ouverte ou conscience curieuse. Or, parce que le visage est chair et conscience mêlées, cette attitude s'exprime déjà, peu ou prou, sur votre propre visage. Votre visage exprime votre ouverture, votre curiosité. Celui qui en prendrait conscience, celui qui verrait votre visage comme expression d'un soi, vous reconnaîtrait donc comme conscience de soi. En somme, parce que vous êtes curieux et ouvert, votre visage est une *invitation*. Il suffit de regarder, de prêter un tant soit peu attention, pour que l'invitation soit une invitation à *envisager*, c'est-à-dire à voir un visage, votre visage, chair et conscience mêlées. Ainsi, celui qui vous envisage, vous dévisage. Il commence à reconnaître la présence d'une conscience. Le visage est une puissance : il n'a pas besoin d'exercer un pouvoir, de prendre, pour s'affirmer ; il suffit qu'il s'exprime, qu'il s'ouvre, pour s'emplir de la présence de la conscience qui l'anime et le hante. Le *sourire sincère* est un des signes les plus expressifs de cette puissance, de cette souveraineté rayonnante que vous êtes. Le visage est objet et sujet : un objet, une face, qui est aussi l'expression d'un sujet, d'une personnalité.

Ce que nous disons du visage vaut bien sûr pour tout votre corps, car le corps dans son entier est visage. Plus précisément, le *corps* est une sorte de « grand visage », et, symétriquement, si on focalise sur le seul *regard*, il est aussi, en soi, déjà, un « petit visage ». Nous portons avec nous une sorte d'enchâssement de visages, du plus intense au plus subtil, qui participent les uns des autres : le corps, les mains, la face, la bouche et le regard (œil, paupière, cil, sourcil). Chaque micro ou macro-geste de ces visages enchâssés est expression d'une conscience de soi.

Ce n'est donc plus une dialectique de la domination entre un maître et un serviteur qui s'opère, mais une dialectique de la curiosité entre deux êtres *complices* : ils entrent dans la complicité de se reconnaître peu à peu l'un l'autre comme conscience. Cette opération est dynamique et graduelle. Elle ne s'effectue pas par un coup de baguette magique, mais par petits cheminements successifs où, à chacune des petites avancées de l'un dans la reconnaissance répondent les petites avancées de l'autre, sur

Si vous cherchez la reconnaissance, alors la dynamique de la curiosité vous fait *envisager* l'autre.

Parce que vous êtes curieux et ouvert, votre visage est une invitation à *envisager*, c'est-à-dire à voir un visage, votre visage, chair et conscience mêlées. Ainsi, celui qui vous envisage, vous *dévisage*.

Le *visage* est une puissance : il n'a pas besoin d'exercer un pouvoir pour s'affirmer ; il suffit qu'il s'exprime, qu'il s'ouvre, pour s'emplir de la présence de la conscience qui l'anime et le hante.

Le corps dans son entier est *visage*.

Ce n'est donc plus une dialectique de la domination entre un maître et un serviteur qui s'opère, mais une *dialectique de la curiosité* entre deux êtres complices : ils entrent dans la complicité de se reconnaître peu à peu l'un l'autre comme conscience.

le principe de l'*invitation réciproque*. Un pas après l'autre, l'un dévisage l'autre et envisage de le reconnaître un peu plus. L'autre dévisage ce pas possible, entérine le pas précédent et envisage son propre pas, et ainsi de suite jusqu'à ce que l'un et l'autre ne souhaitent plus davantage avancer. Là où la dialectique de la domination s'accompagnait d'un sentiment de peur, la dialectique de la curiosité et de l'invitation s'accompagne d'un sentiment de *complicité*. La dialectique de la domination installait une tension croissante, jusqu'à la cassure de la soumission de l'un et la rancune consécutive ; celle de la curiosité amenuise la tension et opère une soudure, un attachement, celui du *respect*. La dialectique de la domination était une emprise ; celle de la curiosité est une « comprise ».

Cette opération n'est ni un pur travail rationnel, comme ont trop tendance à le croire les philosophes, ni un pur élan émotionnel. L'opération de reconnaissance est à la fois une *émotion métaphysique*, et une *métaphysique émotionnelle*, à la fois une pure pensée et une pure sensibilité.

« L'autre dévisage ce pas possible, entérine le pas précédent et envisage son propre pas, et ainsi de suite jusqu'à ce que l'un et l'autre ne souhaitent plus davantage avancer » avons-nous écrit. Le gradient est bien sûr infini. Reconnaître que cette autre chose – cet autre corps – est un autrui semblable à moi – une conscience de soi – est un jalon dans la reconnaissance. D'autres le précèdent : reconnaître qu'un être puisse ressentir de la souffrance ou de la satisfaction, reconnaître un autrui mais sans lui accorder la même valeur qu'à moi ; etc. D'autres le suivent aussi : la sympathie, la bonne entente, l'amitié, l'amour, etc. Nous insistons toutefois sur le jalon du *respect* dans l'échelle de la reconnaissance parce que c'est avec lui que la reconnaissance trouve son premier équilibre : chacune des deux consciences de soi reconnaît à l'autre une valeur, une dignité, égales.

*

La dialectique de la curiosité et la dynamique de la reconnaissance mutuelle font que chaque conscience de soi devient conscience d'autrui. La conscience d'autrui n'est pas le simple fait de reconnaître un être quelconque en face de soi, mais de reconnaître une conscience de soi qui n'est pas soi, une conscience de soi *digne d'attention*. Dans ce mouvement de reconnaissance se produit une découverte : le monde peut être saisi différemment que je ne le fais, parce qu'autrui m'indique ça façon de le saisir. De ce fait, en faisant mienne une part de la vision du monde de l'autre, le monde dans lequel je baigne m'en paraît enrichi, doté de significations que j'ignorais. Ainsi, l'échange avec autrui m'ouvre à un monde qui est pour moi, pour lui et pour nous. En vis-à-vis de ce qui se produit en moi lors de cette reconnaissance mutuelle, autrui saisit lui aussi une partie de ma vision du monde. La complicité de l'échange induit un tissage des visions du monde, un dialogue où apparaissent des points qui nous rapprochent par similarité et des points sur lesquels on diffère. Ce tissage mérite d'être appelé *monde commun*.

L'expression « s'enrichir des différences de l'autre » est à la fois vraie et fausse : ce ne sont ni nos seules différences, ni nos seules ressemblances qui nous rapprochent, mais le cocktail des deux. Les ressemblances nous rendent proches mais ne nous apportent rien que nous n'ayons déjà ; les différences nous séparent mais nous enrichissent parce qu'elles nous apportent ce que nous n'avions pas. Le cocktail crée le mouvement de rapprochement.

À cet égard, on peut mieux comprendre qu'il existe un polarité dans l'approche de l'autre, une polarité avec tous les intermédiaires. D'un côté, *l'esprit frileux*, craintif, a plutôt besoin de beaucoup de ressemblances pour oser accueillir des différences. Il est plutôt identitaire et peureux, mais il ne l'est jamais totalement. D'un autre, *l'esprit chaleureux*, tout en confiance, s'enivre d'emblée des différences et minimise les ressemblances ou les oublie, alors qu'il en a un certain besoin, lui aussi. Ces attitudes ne sont pas figées. L'esprit chaleureux, s'il se trouve confronté à l'hostilité ou à la violence de l'autre, peut perdre une grande part de sa chaleur, se refermer et devenir craintif. Inversement, l'esprit frileux, bien rassuré et heureux de ce qu'il a accueilli en lui, peut devenir plus chaleureux et avoir soif de s'ouvrir. La *dialectique de l'invitation* est une dialectique, un ensemble de gestes, de pensées et d'émotions qui est dynamique.

*

Prenons un peu de recul. Le texte de G. Hegel, comme celui que nous venons d'écrire, sont des fables : elles racontent une histoire plus ou moins imaginaire qui porte en elle un enseignement. Plus précisément, ce sont là des fables philosophiques, des récits – avec leurs intrigues imagées – qui tiennent à la fois du roman, de l'expérience de pensée et de la leçon – qu'on nous invite à en tirer. Nous venons de lire deux fables de la *rencontre* qui, par leur épure, font ressortir ce qui était à souligner, mais qui, par leur fabulation, nécessitent un travail de mise en correspondance avec la réalité, un travail de transposition, ce que nous avons déjà commencé à faire en glissant vers la réflexion philosophique. Il convient ici de poursuivre la transposition et de réintégrer davantage dans le réel le sens que portent ces fables.

Dans les faits, la situation n'est en fait pas telle que la prend G. Hegel et que nous venons de la prendre. Il n'y a pas deux consciences de soi qui seraient initialement hors de tout monde commun. Dans les faits, notre conscience se développe d'emblée dans un monde commun, dont l'existence et l'essence précèdent mon existence et mon essence. Dans les faits encore, ce qu'on appelle les *proches*, cet entourage qui m'a envisagé avant même que je n'existe, opèrent une invitation constante à ma participation au monde commun familial, puis au monde commun élargi. Nous avons déjà souligné ce monde qui précède mon existence. Au fond, *c'est d'abord parce qu'il existe un autrui, un autrui-sujet, que je peux devenir un moi, un moi-sujet*. Dans la dialectique de la reconnaissance telle qu'elle opère dans le monde réel, il n'y a pas d'abord une conscience de soi, puis une conscience d'autrui, mais d'abord un autrui qui est conscience. Puis, par le « nous » du monde commun qu'il tisse avec moi, un moi qui devient conscience. C'est aussi par la conscience qu'autrui me porte, que je prends conscience de moi et que je deviens une conscience de soi. Il n'y a pas d'abord l'atome, puis la molécule dans sa liaison d'atomes, mais d'abord des atomes déjà liés qui créent une place entre eux, une attente, un tissu de liaisons vers un lieu plein d'énergie potentielle et qui, par cette opération, font advenir un nouvel atome dans la molécule familiale et sociale.

La possibilité de l'*accueil* fait advenir le nouveau sujet qu'on accueille – ce qui est tout aussi vrai si on regarde du côté de l'essence (par l'attente parentale, puis la chaleur familiale émotionnelle et métaphysique) ou du côté de l'existence (par la rencontre corporelle, sexuelle et sensuelle, parentale, puis par l'environnement familial matériel). Une *famille* – une famille ordinaire et non toxique – est une invitation à être soi, un autrui singulier ou pluriel qui vous invite avec curiosité à devenir vous-même, à vous épanouir.

À propos du monde commun, voici ce qu'en disait Hannah Arendt :

> [Le monde commun est] ce qui nous accueille à notre naissance, ce que nous laissons derrière nous en mourant. Il transcende notre vie aussi bien dans le passé que dans l'avenir ; il était là avant nous, il survivra au bref séjour que nous y faisons. Il est ce que nous avons en commun non seulement avec nos contemporains, mais aussi avec ceux qui sont passés et avec ceux qui viendront après nous.[28]

Sorti de son contexte, on pourrait croire que ce paragraphe nous cantonne à un rôle de passant en transit, à l'abandon de toute ambition de soi pour n'être qu'un spectateur conscient de son humilité et de sa presque insignifiance. Il n'en est rien. H. Arendt est tout aussi convaincue que tout·e autre de l'importance de chaque être humain. Mais en brossant un tel tableau, elle nous invite à appréhender la toile à laquelle notre image participe. Il s'agit autant d'une invitation à prendre conscience de notre responsabilité envers la toile tout entière, et la trace que nous y imprimons, que d'une invitation à voir plus grand et plus juste que notre seul nombril.

*

Nous pouvons ici dire de nouveau, d'une autre façon, à quel point il est crucial de penser une *éthique* du monde commun. À vrai dire, toute éthique est forcément « du monde commun », car sans reconnaissance de la conscience d'autrui, il n'y a pas de monde commun, pas d'égard à avoir envers autrui, et pas d'éthique. Sans conscience d'autrui, je n'ai pas de devoir, je n'ai pour guide que la recherche de mon développement propre, centré sur mon *ego*. La reconnaissance d'autrui, en me faisant reconnaître la présence d'autres *ego*, aussi valables et dignes que le mien, m'oblige à peser l'attention que je dois avoir envers eux. Elle m'oblige à penser un *respect* de tous les ego, et à penser ce respect *avec eux*.

Toute *éthique* est forcément « du monde commun ».

La reconnaissance d'autrui m'oblige à peser l'attention que je dois avoir envers eux. Elle m'oblige à penser un respect de tous les *ego*, et à penser ce respect *avec eux*.

Du côté de la source de ce respect, du côté du *qui* doit respecter..., chacun a ainsi un devoir, chacun est ce « qui... ». Plus précisément, le sens du devoir est à la fois respect *de moi* et *de nous*, en autonomie et en synomie.

---

28   Arendt (Hannah) : *Condition de l'homme moderne*, p. 95.

Du côté de qu'on doit respecter, le sens du devoir me dit d'accorder le respect envers tous les *ego*, c'est-à-dire « envers moi », « envers autrui » et « envers nous ». Ce dernier pôle – « envers nous » – n'a pas été jusqu'à présent reconnu comme tel, comme une personne commune, comme une conscience commune, comme une humanité commune, et pourtant il ne peut pas y avoir d'éthique sans éthique envers le monde commun, envers la communauté que je fais avec autrui, car l'apparition de ce monde commun, son épiphanie, est cette complicité que nous devons chérir. Nous devons la chérir parce que, grâce à elle, nous ne sommes plus *seuls* et oppressé·e·s par la *peur*, nous pouvons être *entouré·e·s* et *rassuré·e·s*. Chacun·e de nous doit chérir cette complicité et porter attention à ses conditions de possibilité, à ses conditions d'épanouissement, ce qu'on peut appeler le respect envers le monde commun.

Mais un monde commun qui entoure et qui rassure n'est qu'une possibilité. Une autre est de laisser le monde commun glisser vers l'hostilité et la rivalité. Une des *perversions* du monde commun est d'ériger en règle commune la concurrence entre tous et de porter aux nues l'égocentrisme. C'est l'Âge de Fer décrit par Hésiode au VIIIe siècle av. J.-C. dans *Les Travaux et les Jours* :

> Le père ne sera plus uni à son fils, ni le fils à son père, ni l'hôte à son hôte, ni l'ami à son ami. Le frère ne sera plus comme auparavant chéri de son frère. Les enfants mépriseront la vieillesse de leurs parents. Les cruels ! Ils les accableront d'injurieux reproches. [...] On ne respectera ni la foi des serments, ni la justice, ni la vertu. On honorera de préférence l'homme vicieux et insolent. L'équité et la pudeur ne seront plus en usage. Le méchant outragera le mortel vertueux par des discours pleins d'astuce auxquels il joindra le parjure.[29]

Par « respect du monde commun » nous voulons dire, par exemple, qu'il existe des voies qui le pourrissent, qui l'entravent, qui le rabougrissent, ou au contraire qui le nourrissent, l'étendent et le densifient. Il y a bien un *devoir*, avec une responsabilité personnelle, envers la personne commune du monde commun pour que cette personne vive le plus intensément possible et que la complicité humaine soit la plus élevée possible – pour l'épanouissement de tous et du tout commun.

---

29   Traduction inspirée de celle de M. A. Bignan.

Par exemple, naître dans une famille fruste où on n'est nourri qu'à force de pleurer, où on n'existe qu'à force de lutter pour sa place, où on n'est pas aimé mais toléré, est une forme d'abomination humaine. En s'en tenant à un régime d'épreuve de force, on se retrouve dans l'impasse de Hegel, c'est-à-dire sans reconnaissance. Quand il n'y a pas d'invitation par les proches, il n'y a que des cœurs durs et secs, des âmes maigres, des humanités rabougries. On sait d'ailleurs que pour un nouveau-né l'absence de caresses et d'attention (hospitalisme) ou leur privation (dépression anaclitique) peut entraîner la mort. On sait aussi que des enfants presque abandonnés, enfoncés dans un retard mental qui s'est installé peu à peu et de plus en plus profondément, peuvent, avec un nouvel entourage attentionné, quitter leur arriération de façon spectaculaire et retrouver une pleine participation au monde humain.

Le monde commun repose sur l'idée partagée d'une égalité des dignités. Il ne s'agit pas seulement d'une notion abstraite ou juridique, mais du sens de la justice et du respect dans l'esprit et dans le cœur de chacun. Par exemple, dès que l'inégalité de *richesse* devient excessive et injuste, elle induit un respect différencié et mine l'égalité de dignités. Elle installe, pour l'un le sentiment de supériorité et pour l'autre la rancœur ou la mésestime de soi. De même, dès qu'une inégalité de *pouvoir* est telle qu'elle conduit à un sentiment d'impunité, elle introduit une culture de l'abus de pouvoir et produit un sentiment d'injustice. *L'inégalité suscite l'envie ; et l'envie suscite la violence.* Alors le « nous » se délite et le monde commun se transforme en un monde scindé, puis éclaté, avec « les uns » *contre* « les autres », puis « chacun » contre « tous les autres ».

Le niveau d'inégalité de richesse et d'inégalité de pouvoir a de nouveau franchi ce seuil de bascule depuis quelques décennies. Notre planète et nos pays ne tiennent encore comme monde(s) commun(s) que par le ciment légué par le passé. Les 1 % les plus riches de la planète possèdent désormais davantage que les 99 % restants – et l'écart se creuse. En 2017, huit personnes – vous avez bien lu ! – possédaient autant que moitié de la population mondiale.

Cela a trois conséquences évidentes, quoique rarement soulignées. Primo, une fracture du monde commun et, comme le dit Hésiode, la montée d'une mentalité de mépris, de profit, de vice, de parjure. Secundo, une exacerbation de la délinquance, parce qu'assister au

Le *monde commun* repose sur l'idée partagée d'une égalité des dignités. Il ne s'agit pas seulement d'une notion abstraite ou juridique, mais du sens de la justice et du respect dans l'esprit et dans le cœur de chacun.

L'inégalité suscite l'envie ; et l'envie suscite la violence. Alors le « nous » se délite et le monde commun se transforme en un monde scindé, puis éclaté, avec « les uns » contre « les autres », puis « chacun » contre « tous les autres ».

banquet des dieux quand on est dans la galère rend le vol et la violence tentantes, d'où la rapine et le saccage. Tertio, une montée du terrorisme, car une fraction des laisser-pour-compte, dans leur aigreur abyssale, risque d'adopter n'importe quel discours de vengeance qui traîne, qu'il s'agisse de nationalisme, de racisme, de régression nostalgique ou de djihadisme. Comment penser qu'un tel niveau d'inégalité planétaire, dans un globe de plus en plus relié, n'ait pas d'effet en termes de guerre et de délinquance ?

Même si on ne considère que les pays développés, alors que les inégalités avaient régressé tout au long du XXe siècle, elles sont reparties à la hausse depuis les années 1990 et la fraction des 0,1 % les plus riches est devenue hors société, au-dessus de la société. Même dans ces pays « riches », privilégiés, le monde commun est en passe d'exploser. L'Europe se délite dans les égoïsmes nationaux. Les États-Unis s'enfoncent dans la criminalité, le complotisme et les tueries. La Russie macère son rêve de revanche impériale. Le Brésil est tenté par la dictature.

Certains éléments systémiques sont à mettre en lumière. Regarder avec complaisance un système financier inique où les profits des entreprises sont aspirés dans les trous noirs des astuces fiscales et des paradis fiscaux, ou encore laisser en l'état le fonctionnement des places boursières alors que 90 % des échanges s'opèrent à l'échelle de la microseconde, déconnectés totalement de la valeur économique réelle, c'est montrer en exemple le parasitisme et l'iniquité plutôt que les combattre. Tergiverser continuellement sur les actions à faire pour éviter un changement climatique prévisible depuis au moins vingt-cinq ans – le Sommet de la Terre de Rio a eu lieu en 1992 ! – c'est grever de façon criminelle le monde commun, pour un siècle. Sur ce dernier point, il s'agit là, d'ailleurs, d'une forme incontestable de crime contre l'humanité : quand on sait que son inaction engendrera une crise comme nous n'en avons jamais connue, une crise aujourd'hui bien décrite dans ces différents scénarios, une crise qui coûtera mille souffrances et mille morts, il est criminel de ne rien faire et de masquer son inaction par des discours-paravents. J'accuse de *crime contre l'humanité* tous ceux qui ont eu une parcelle de pouvoir et qui n'ont pas fait ce qu'il fallait faire – gouvernants, parlementaires des majorités, groupes de pression, et tous ceux qui détournent la tête ou simplement ne s'en soucient pas.

Le monde commun peut être ruiné.

Nous sommes en train de basculer.

*

La logique des *intérêts* est une logique exacte, mais erronée : lorsqu'on se contente de calculer son intérêt en toute action, on régresse dans la reconnaissance et dans le respect d'autrui, on fissure et on érode le monde commun.

La dynamique de la reconnaissance n'est donc pas seulement une dynamique spontanée et *réciproque*. Si c'était le cas, la reconnaissance s'arrêterait toujours là où la première des deux personnes s'arrête. On s'en tiendrait à un « plus petit dénominateur commun » mathématique. L'éthique du monde commun exige que chacun·e de nous ose le pas suivant ; elle exige d'être toujours un pas plus loin que l'autre ; elle exige d'inviter à entrer plus avant dans la complicité du « nous ». Elle exige de ne pas s'en tenir à une sorte de calcul réciproque de ce que j'ai à gagner, mais à toujours accorder une invitation à aller un pas plus loin. Rien ne vous assure que l'autre vous suivra. Mais si chacun s'en tient au calcul réciproque, vous avez la certitude de ne pas aller plus loin et, par effet de conséquence, vous brisez l'élan de curiosité, vous portez atteinte la condition de possibilité de la reconnaissance d'autrui comme semblable, vous prenez le risque d'affaiblir le monde commun et la condition de l'éthique.

Il ne faut donc pas confondre dynamique réciproque et dynamique *mutuelle*. La réciprocité est un échange égal ; la mutualité est une construction d'entre-aide où l'attention à autrui excède toujours un peu la réciproque parce que la personne commune à laquelle nous participons impulse un élan supplémentaire.

En somme, lorsque G. Hegel écrivait : « J'intuitionne Eux comme Moi, Moi comme Eux », il faudrait ajouter ces mots : « ... et alors Nous sommes ; Moi et Eux font advenir un Nous ». Alors seulement se produit vraiment ce que G. Hegel appelle une « libre unité », une sorte de famille, d'humanité universelle dans laquelle nous sommes tous complices. Il ne s'agit pas d'attendre d'en contempler l'apparition ; il s'agit de la *faire* advenir.

La dynamique de la reconnaissance n'est donc pas seulement une dynamique spontanée et réciproque.

L'éthique du monde commun exige d'inviter à entrer plus avant dans la complicité du « nous ». Elle exige de ne pas s'en tenir à un calcul réciproque de ce que j'ai à gagner, mais à toujours accorder une invitation à aller *un pas plus loin*.

Il ne faut pas confondre dynamique réciproque et dynamique *mutuelle*. La réciprocité est un échange égal ; la mutualité est une construction d'entre-aide où l'attention à autrui excède toujours un peu la réciproque parce que la personne commune à laquelle nous participons impulse un élan supplémentaire.

« ... et alors Nous sommes ; Moi et Eux font advenir un Nous »

Pour qu'elle se produise, chacun d'entre nous a le *devoir* éthique de pousser le plus loin possible le pari du « nous » et d'inviter à un nouveau petit saut liminaire – un franchissement de seuil – et axiologique – une élévation de valeur humaine. L'épiphanie d'un « nous », le moment où advient une complicité plus grande, est un moment crucial. Ou plutôt, l'épiphanie du « nous » et de multiples « nous » est une suite de *faire* cruciaux par lesquels l'humanité augmente. Il n'y a pas d'humanité sans « nous » ; il n'y a pas d'éthique sans pari du « nous ».

Respecter le « nous » comme une personne n'a rien d'extravagant. Les grammairiens et les linguistes ne nous disent-ils pas que le « nous » est la « première *personne* du pluriel » ? Au fond, il suffit d'écouter ce que nos langues disent de nous dans leurs corps de langage : toutes ont un « nous », une première personne du pluriel, bien installé dans le vocabulaire et dans la grammaire. Certaines langues ont même des formes de « nous » assez variées. Le grec ancien, l'arabe classique, l'hébreu et d'autres langues ont une forme de pluriel à deux, le « duel » où il s'agit d'un « nous-deux ». Certaines langues ont même une forme grammaticale triel, un « nous-trois », voire paucale, un « nous-petite communauté ».

Si nos langues ont toutes besoin d'exprimer un « nous », cela ne peut signifier qu'une seule chose : ce « nous » a une existence humaine incontournable. Si nos langues ont peu à peu perdu le besoin des formes intermédiaires c'est aussi, peut-être, parce que la reconnaissance d'autrui, quel qu'il soit, a peu à peu pris plus de sens que la reconnaissance d'un autrui proche.

Le « nous » est une personne grammaticale, et si elle est inscrite dans toutes les langues, cela ne peut signifier qu'une seule chose : cette personne grammaticale ne fait qu'exprimer une personne fondamentale, celle du « nous » éthique. Reconnaissons donc le « nous », pleinement, comme une personne éthique.

*

Ici encore, le monde de la famille et le monde du soin forment une figure de proue dans le « commun » du monde commun. Plus que de « contrat », de « commerce », de « prestataire » et de « client », il y est question d'*accompagnement*. L'attention aux proches et aux malades est un accompagnement, c'est-à-dire une attention complice, un compagnonnage, une façon non pas de se confronter ou de s'affronter, mais de cheminer ensemble, de s'aider et de s'entre-aider, de tisser du monde commun. Comme le dit Étienne de La Boétie, au fond nous sommes « tous mis en compagnie »[30].

La reconnaissance mutuelle est toujours à la fois un acquis et un projet, un « heureusement-qu'il-est » et un « sur-le-point-d'être-ou-de-ne-pas-être ». Le respect de la dignité humaine est toujours, à la fois, une éthique de l'effort et du réconfort, de l'exigence et de la complicité, de la main et du cœur, du côte-à-côte et du « ensemble », du « de » et du « pour ».

Promouvoir la *synomie* ne signifie pas retourner à la domination du groupe traditionnel, qui s'apparente au régime maître-serviteur, mais se tourner plus résolument vers l'éthique du commun, vers la synomie d'émancipation, avec une émancipation des personnes individuelles et une émancipation des personnes-groupes, ce qui exige de tourner le dos à deux de nos tendances fâcheuses : la désinvolture et le mensonge. On peut le dire de façon positive : il nous faut promouvoir la *responsabilité* et la *vérité*.

L'attention aux proches et aux malades est un *accompagnement*, c'est-à-dire une attention complice, un compagnonnage, une façon non pas de se confronter ou de s'affronter, mais de cheminer ensemble, de s'aider et de s'entre-aider, de tisser du monde commun.

Le respect de la dignité humaine est toujours, à la fois, une éthique de l'effort et du réconfort, de l'exigence et de la complicité, de la main et du cœur, du côte-à-côte et du « ensemble », du « de » et du « pour ».

Il nous faut promouvoir la responsabilité et la vérité.

---

30   La Boétie (Étienne de) : *De la servitude volontaire* [1576].

8

Responsabilité

Chaque personne doit rendre compte de ses actes – chacun le sait. Dans le langage courant, on parle du *poids* des responsabilités comme d'un fardeau mis sur le dos. Cette gravité a ceci de juste qu'elle nous conduit à pondérer nos décisions, à peser le pour et le contre. Mais malheureusement cette métaphore de la *charge* porte aussi le rêve erroné de s'en défaire. Même en théorie cela n'est pas possible, car la responsabilité ne nous est pas extérieure. *La responsabilité n'est pas une chose posée sur nos épaules mais le sens même de nos actes.*

> La *responsabilité* n'est pas une chose posée sur nos épaules mais le sens même de nos actes.

La racine de la responsabilité est même plus profonde, car elle est *existentielle*. Parce que je suis une conscience, un « je » qui pense, alors *je suis* et je suis une personne. Parce que je suis, *j'agis* ; j'imprime ma marque dans le monde – ne serait-ce qu'un peu. Enfin, parce que j'agis, mes actes sont *mes traces* et *ma volonté* ; mes actes me sont *liés*. Comme le soulignait Georg Hegel, le « je » de la personne-sujet qui est en train d'agir et le « moi » de la personne-objet qui est consciente de son action sont une seule et même personne dans la conscience de soi. Dès que nous avons été une conscience de soi, nous savons que nos actes sont *nôtres* par un lien indissoluble.

> Parce que *j'agis*, mes actes sont mes traces et ma volonté ; mes actes me sont liés.

Pour le dire autrement, dès qu'il y a une personne, cette personne retentit dans le monde. Elle est liée, *par une relation d'auteur*[31], à son action. Cette liaison n'est pas déclarative, mais effective, ou *intrinsèque*. Qu'il s'agisse d'une personne individuelle – un « je » – ou d'une personne collective – un « nous » – la liaison d'auteur ne peut pas être dissoute, car elle est intrinsèque à la notion d'*acte*. S'il y a un acte, alors il y a un auteur de cet acte ; et s'il y a un auteur, alors il fait des actes, constamment. La responsabilité ne permet ni la dérobade ni le prête-nom.

Un acte n'est pas un événement comme un autre. Il se produit quantité d'événements dans le monde : certains appartiennent à la nature du monde et d'autres sont causés par des personnes – seuls ces derniers sont des actes. Pendant longtemps les événements de la nature l'emportaient en importance sur les actes des personnes. De nos jours, du fait de notre nombre et de nos pouvoirs, nos actes pèsent à parité, voire davantage : nous sommes devenus les auteurs du monde terrestre autant que ce monde n'est son propre phénomène. Mais nous faisons comme si nous ne le voyions pas et nous minimisons notre responsabilité.

La place déterminante de la liaison d'auteur induit trois questions majeures pour la responsabilité :

- Il ne peut y avoir un auteur que s'il y a une certaine capacité de *conscience* et de *volonté libre*.
- Un auteur n'est pas dans une bulle. Pour saisir sa responsabilité, il faut prendre en compte la *pression du contexte*, c'est-à-dire les contraintes et les influences qui s'exercent sur l'auteur et la façon dont il s'y abandonne ou dont il y résiste.
- Les *liaisons d'auteur*, comme toute liaison, peuvent être fortes ou vulnérables. Quand l'acte a un retentissement éloigné dans le temps ou dans l'espace, ou quand l'acte résulte d'une coopération, la vulnérabilité de la liaison d'auteur requiert, par prévenance, une considération accrue pour que chacun assume son rôle et sa responsabilité.

---

31 Je ne sais comment écrire ici. L'évolution du français reste irrésolu : il faudrait un mot désignant aussi bien le masculin que le féminin, en écrivant à la fois « auteur » et « auteure » ou « autrice », ce dernier paraissant le plus pertinent (comme « acteur » et « actrice »). Cette remarque vaut pour tout ce passage de mon texte. Nous allons vers une nouvelle forme classique de la langue française, qui associe à la fois des formes qui avaient existé et d'autres qu'on est en train d'inventer et de mettre en usage. Comment bien nous exprimer ? Comment éviter aussi des tournures d'une lourdeur pénible ?

Ces questions vont être abordées les unes après les autres.

*

Rappelons les trois concepts pivots :
- La *responsabilité* est le lien de cause à effet qui lie un auteur à l'acte qu'il fait.
- Un *auteur* est une personne qui cause un acte. Être auteur suppose d'être capable de *penser*, capable de *choisir* et capable de *passer à l'acte*.
- Un *acte* est l'effet, dans le réel, d'une action faite par un auteur et les répercussions à prévoir de cette action. Ces répercussions peuvent concerner des personnes, des choses ou d'autres entités.

On peut ainsi s'apercevoir qu'une personne qui n'est pas en capacité de penser n'est pas en situation d'auteur. Si, au volant, vous faites un malaise que rien ne laissait prévoir, que vous perdez conscience, et que cela conduit à la mort de vos passagers et d'autres personnes, ce n'est pas vous qui avez agi mais un dysfonctionnement majeur de votre corps – c'est un évènement de la nature et non un acte. Au moment des faits, votre personne était absente et vous n'êtes pas responsable. Plus généralement, toute situation où la conscience subit un certain niveau d'altération va de pair avec un niveau d'altération parallèle de la responsabilité.

De la même façon, certains troubles mentaux ou physiques peuvent préserver votre pleine conscience de ce qui se passe tout en induisant un niveau d'altération de votre capacité à *choisir* vos actes ou à agir. C'est le cas d'une compulsion impossible à refréner. Là aussi le lien d'auteur subit un certain niveau d'altération qui va de pair avec un niveau d'altération parallèle de la responsabilité.

Les tribunaux savent l'importance de ces questions et demandent l'avis d'un expert pour établir si, au moment des faits, il y avait ou non altération de la personne et quelle était son importance. En cas d'altération totale, la voie du non-lieu s'ouvre : il n'y a plus lieu d'accuser cette personne parce que sa qualité de personne était absente. En cas d'altération partielle, il s'agira de circonstances atténuantes, qu'il va falloir soigneusement peser.

Au passage, on peut noter que le même raisonnement sur la liaison d'auteur et sur la responsabilité s'impose dans les deux domaines de l'éthique et du juridique. Les deux se fondent sur la liaison entre auteur et acte ; les deux ne font que constater et rappeler que la responsabilité ne se fonde pas sur une déclaration par l'auteur, mais sur une liaison intrinsèque que les deux prennent en compte minutieusement. Cela explique d'ailleurs pourquoi la justice ne peut pas être un système d'attribution automatique de peines et pourquoi elle est rendue par des personnes, capables de peser ce genre de choses.

Ce type de question entraîne parfois une interrogation plus en amont de la responsabilité. Si nous reprenons le même exemple de l'accident de voiture suite à un malaise, la situation est toute autre si vous aviez bu. Vous n'êtes pas directement responsable des événements qui se sont produits quand vous avez perdu conscience, mais vous êtes responsable de vous être enivré·e et d'avoir pris le volant, induisant un risque majeur d'accident. De même, si votre activité consiste entre autres choses à prévenir des risques (qu'ils soient physiques, économiques, financiers, écologiques, etc.) et que votre négligence ou votre incompétence a conduit à une prise de risque inconsidérée, alors vous en êtes responsables. Même en l'absence d'effets négatifs, vous êtes responsable de votre imprudence, ce qui vous vaudra d'être sanctionné·e.

*

La seconde perspective importante est le *rôle du contexte*. On ne peut pas faire comme si le « je » qui agit vit dans une bulle indépendante et éthérée. Ce « je », avec son pouvoir de « je », est aussi un « je » *en situation*, dans un contexte qui exerce une influence voire une contrainte.

À cet égard, on a coutume d'atténuer la responsabilité en tenant compte du degré de contrainte. En situation de pleine liberté, la responsabilité est complète parce que vous avez décidé souverainement de votre action, alors qu'en situation de contrainte, la responsabilité est atténuée, voire suspendue. Si quelqu'un, braquant une arme à feu sur votre tempe, vous contraint à faire une action, on considère à juste titre que l'auteur de l'action est celui ou celle qui vous menace et non pas vous. Pour le dire autrement, une situation d'autonomie est une situation de pleine responsabilité alors qu'une situation d'hétéronomie lève votre responsabilité. Dans ce dernier cas, ce n'est pas vous qui agissiez : vous avez été agi. Il existe bien sûr toutes les situations intermédiaires, avec l'atténuation corrélative de la responsabilité.

Ce cadre théorique est intéressant, mais incomplet. Il se fonde sur l'opposition entre autonomie et hétéronomie, c'est-à-dire entre agir libre et agir contraint. En fait, il oublie qu'il existe une troisième situation, négligée, mais absolument incontournable, *quand il n'y a pas eu de contrainte, mais quand aussi il n'y a pas eu de décision*. Peut-être pensez-vous qu'il s'agit d'un cas d'école tiré par les cheveux. Il n'en est rien : il suffit de se laisser porter par le cours de choses pour qu'il en soit ainsi, ce qui la rend particulièrement courante. Cette situation, celle de l'*anomie*, celle où le « je » n'a pas *décidé* de la loi ou de la règle (*nomos*) de son action, est ce qu'on peut appeler l'*agir spontané*. Il est crucial de le prendre en compte, car, en l'absence de contrainte, vous aviez le *pouvoir* de faire autrement. D'ailleurs, la responsabilité de vos actes ne peut pas être rapportée à un autre auteur qui vous aurait contraint. Ceci souligne un point essentiel : c'est la *possibilité* ou la *capacité* à agir en choisissant son action qui nous rend responsable – même si on ne l'exerce pas. Pour le dire plus simplement : même si nous n'avons *décidé* de rien dans ce que nous avons fait à tel moment, le fait que nous *pouvions* décider nous rend responsables de ce que nous avons fait.

C'est la possibilité ou la capacité à agir en choisissant son action qui nous rend responsable. Même si nous n'avons décidé de rien dans ce que nous avons fait à tel moment, le fait que nous *pouvions* décider nous rend responsables de ce que nous avons fait.

Le tableau qui suit permet de mieux appréhender les conséquences de ces trois façons d'agir.

Autonomie *Liberté*	**Anomie** *Spontanéité*	**Hétéronomie** *Servitude*
La personne décide souverainement de ses actes.	La personne peut décider souverainement de ses actes mais ne le fait pas.	La personne ne décide pas souverainement de ses actes.
Auteur lucide et volontaire de son acte	Auteur par inadvertance et involontaire de son acte	La personne n'est pas l'auteur de l'acte, mais le moyen.
Agir souverain	Agir non-souverain	
La personne est responsable	**La personne n'est pas responsable**	

73

Le problème-clef vient du décalage entre les deux dernières lignes du tableau. Nous sommes responsables de toute une part de notre agir que nous n'avons pas décidée souverainement. *Nous en sommes responsables parce que rien ne nous empêchait d'en décider, même si nous ne l'avons pas fait.* Nous nous sommes plutôt laissés porter par le cours des choses.

Face à cela, deux attitudes sont possibles. La première consiste à s'en accommoder et à vivre dans l'*insouciance*. On se contente de faire attention à ce à quoi on a envie de faire attention – et peu importe le reste. Cette attitude est aussi étroite que mentalement confortable, car on s'y exonère des décisions qu'on n'a pas prises. L'insouciance peut même conduire à une restriction plus ou moins consciente de notre champ d'attention parce qu'on en tire des bénéfices psychologiques immédiats : on s'épargne le tracas des décisions qu'on n'a pas à prendre, on s'allège de la charge mentale de se soucier de tout ce qu'on devrait se soucier, et on ne porte pas la culpabilité d'actes dont on n'a même pas pris conscience. On agit ainsi « en irresponsable » pour tous ces actes qu'on place hors champ. Le revers de ce confort est le violent retour de bâton qui survient lorsqu'on s'aperçoit, sur un événement grave, qu'on aurait pu éviter qu'il se produise. Alors la culpabilité est d'autant plus accablante que la faute est scellée. Face à ce qui a été fait, l'impuissance est totale et terrible.

La seconde attitude est celle de la *lucidité*. Si on raisonne de façon simpliste, on pourrait dire qu'il faudrait avoir conscience de tous nos actes. Mais il est impossible d'être conscient de tout ce qu'on fait, de toute l'empreinte que nous laissons à chaque instant dans le monde. La lucidité est donc plus complexe qu'il n'y paraît, car elle relève d'un équilibre dynamique. Le nœud se trouve ici : notre capacité d'attention a ses limites. Plus elle se concentre, plus elle peut examiner en profondeur le retentissement d'un aspect précis, mais plus aussi elle n'examine que ce point précis. La seule attitude éthique est une recherche constante du bon équilibre entre concentration focalisée et ouverture défocalisée, entre profondeur de champ et largeur de champ. Le principe à adopter n'est pas d'exiger l'impossible en demandant les deux constamment. On n'en obtiendrait qu'un état de stress abominable, un souci hyperbolique, noir et angoissé. Le principe de lucidité est plutôt celui d'un souci curieux et interrogatif, un souci dynamique qui tantôt défocalise pour s'ouvrir au monde, tantôt focalise pour comprendre en profondeur le sens d'un point précis. Il requiert une sorte de bon sens dans la priorisation et d'à-propos dans l'attitude à adopter – ce qui n'est pas sans rappeler certaines remarques d'Aristote. *Le principe de lucidité est une sorte d'improvisation éthique permanente face à la surprise permanente du monde, produisant un étonnement permanent et une action à adapter en permanence.* Nous devons constamment apprendre à nous poser de bonnes questions. Nous devons constamment apprendre à prêter attention à des aspects que, spontanément, nous avons tendance à négliger, mais que notre devoir nous conduit à reconnaître comme potentiellement importants.

Bien sûr, parfois, nous allons *nous tromper*. L'essentiel n'est pas d'être parfait, mais de faire son possible. L'essentiel est d'apprendre de chacune des erreurs que nous avons faites.

*

Revenons une dernière fois sur la question de l'agir spontané et de l'anomie. Il est crucial de souligner qu'*il n'a rien de marginal*. On a tendance à le négliger et à restreindre la lutte éthique à une lutte contre l'hétéronomie. Mais regardons nos vies. Dites-moi quand vous avez été vraiment *contraints* ces derniers temps ? Dites-moi aussi quand vous avez vraiment *décidé* de vos actes ces derniers temps ? L'hétéronomie et l'autonomie pleines ne sont pas nos façons d'agir les plus courantes. La plupart du temps, nous nous reposons sur nos habitudes, nos routines, nos automatismes – et sur les habitudes, les routines et les automatismes des groupes dans lesquels nous sommes intégrés. Notre agir est souvent dans cette zone grise de l'agir spontané, qui se colore à la fois d'un peu d'hétéronomie sous forme d'influence – et non de contrainte stricte – et d'un peu d'autonomie sous forme de prises de décision plus ou moins claires. De ce fait, les problématiques spécifiques à l'anomie sont des problématiques de première importance et l'éthique doit s'en emparer pleinement.

Après le problème de l'insouciance, celui des *influences* est capital. Comme nous sommes de plain-pied dans le monde, nous posons notre empreinte sur lui, mais *lui aussi* pose son empreinte sur nous. Entre soi et le contexte, le jeu d'influence va dans les deux sens. Cette liaison soi-contexte est ce qu'on appelle une *situation*. De ce fait, le principe de lucidité comprend aussi un travail d'examen des situations. L'idéal ici n'est pas de s'abstraire du monde, de rêver d'être un arbitre absent, un ectoplasme jugeant. Même en théorie cela ne tient pas : les choix de cet arbitre porteraient sur le monde, et par le travail même de choisir, le monde retentirait dans cet arbitre qu'on avait cru mettre à part. Autant accepter la pleine implication. Autant accepter ce que les existentialistes appellent l'*engagement*. Autant s'emparer en toute lucidité du jeu des influences.

Pour les influences qu'on reçoit, cela nous oblige à en faire l'examen le plus lucide possible afin qu'on ait décidé des influences qu'on accepte en soi, de celles qu'on souhaite amortir, et de celles qu'on tient à endiguer ou combattre. Quant aux influences que nous exerçons sur le monde, nous emparer d'elles signifie qu'il nous faut pleinement assumer le rôle d'influence que nous avons. Il nous faut l'exercer, le choisir, et l'assumer. Dans les deux cas, une approche éthique est requise et le sens du devoir est à développer en continu. Sans éthique, l'influence n'est que manipulation. Au fond, cette lucidité à la fois réflexive et active est une source d'enrichissement par la saisie de ce que nous recevons du monde ainsi qu'une source d'épanouissement par le développement de notre empreinte sur le monde, notre expression.

Outre le principe de lucidité, nous avons proposé ailleurs une autre piste, celle du façonnage par soi-même d'habitudes éthiques[32].

*

La responsabilité est le lien de cause à effet qui lie l'auteur à son acte. Quand la liaison de cause à effet est complexe, ce lien devient moins évident et moins clair. Le risque de voir s'étioler le sens de la responsabilité est alors majoré.

Il en va ainsi lorsqu'il y a *éloignement* entre la cause et l'effet. Autant la responsabilité relève de l'évidence quand il y a contiguïté – par exemple lorsqu'une personne en poignarde une autre –, autant cette évidence disparaît lorsque l'effet se produit de façon cachée ou à longue distance. Dans *Le Principe responsabilité*, Hans Jonas a souligné que

---

32   Cf. les cinq modules en ligne d'éthique en libre accès sur le site internet des Humanités médicales de la Faculté de Médecine d'Ottawa, dont voici le lien : https://apprendre.med.uottawa.ca/

l'agir d'antan et l'agir actuel ont ceci de différent que désormais le cercle de l'agir est devenu immense[33]. L'accroissement de notre pouvoir entraîne des effets lointains. L'éthique classique reposait sur le retentissement de nos gestes dans l'*ici* et le *maintenant* au point qu'Emmanuel Kant pouvait encore déclarer, au XVIIIe siècle, que tout un chacun pouvait déterminer ce qu'il était bien de faire. Mais un agir devenu immense change la donne. Il implique un devoir d'appréhender cette immensité pour que notre responsabilité en prenne la mesure.

> L'ampleur de notre *agir* est devenue immense. Cela change la donne. Cela implique un devoir d'appréhender cette immensité pour que notre responsabilité en prenne la mesure.

Or, les expériences de Stanley Milgram[34] montrent que la perte de proximité accroît la propension à se dédouaner de ses actes. L'ampleur de phénomène est d'autant plus frappante que dans l'expérience de S. Milgram il ne s'agit pas d'un acte anodin, mais d'infliger une souffrance majeure. L'oubli de sa responsabilité y est d'autant plus inquiétant que l'auteur de l'acte n'a ni envie particulière, ni motif véritable, à faire souffrir. Il ne le fait que parce qu'on le lui a demandé. Or, S. Milgram constate que plus sa victime est loin de lui, plus il s'accommode de son acte. Cela rejoint l'adage « Loin des yeux, loin du cœur ». Quand la sensibilité directe est moins présente, le sentiment de responsabilité perd de sa force.

Deux implications éthiques doivent en être tirées. D'une part, la *sensibilité* a un rôle majeur de *mobilisateur*. L'émotion nous rend

> La *sensibilité* a un rôle majeur de mobilisateur.

---

33   Jonas (Hans) : *Le Principe responsabilité* [1979], p. 17 :

« [Par le passé] le bien-être et le mal-être dont l'agir devait s'occuper étaient proches de l'action, soit dans la *praxis* elle-même, soit dans sa portée immédiate et ils n'étaient pas affaire de planification à long terme. Cette proximité des buts valait pour le temps aussi bien que pour l'espace. La portée efficiente de l'action était petite, le laps de temps pour la prévision, la détermination des buts et pour l'imputabilité était court [...]. L'éthique avait affaire à l'ici et maintenant [...]. L'univers moral se composait de contemporains et son horizon d'avenir se limitait à leur durée de vie prévisible. Il en allait de même de l'horizon spatial du lieu dans lequel l'acteur et l'autre se rencontraient comme voisins, comme amis ou ennemis, comme supérieur hiérarchique et subordonné, [etc.]. Toute moralité était ciblée sur ce cercle rapproché de l'agir. »

Je tiens à indiquer que si certaines pages de cet ouvrage me paraissent particulièrement éclairantes – sur l'agir, le rôle éthique de l'émotion et la précaution –, je ne souscris pas à d'autres, qu'il s'agisse de sa théorie de la volonté sans intention ou de son plaidoyer en faveur d'un régime autoritaire.

34   Milgram (Stanley) : *Soumission à l'autorité*, Chap. 4.

attentif aux effets de ce que nous faisons, et l'émotion nous pousse à *agir*. D'autre part, *la sensibilité ne suffit pas* ; il lui faut fonctionner en tandem avec la *raison* et l'*imagination*. Lorsque les effets de nos actions se passent hors du champ de notre perception sensible, *la raison et l'imagination doivent se figurer ce hors-champ*, et, le cas échéant, *ils doivent activer la sensibilité pour nous mobiliser*. Il s'agit donc de prendre conscience des effets hors-champ et, par cet effort abstrait, de les saisir à bras-le-corps *et de se mettre à vibrer*.

L'un des exemples de cet enchaînement raison-imagination-émotion, est le *devoir d'indignation*. Rappelons-nous ce texte court, publié en 2010 par Stéphane Hessel : *Indignez-vous !*[35] Ce texte est un exercice de la raison, qui, directement, en appelle à la mobilisation émotionnelle – comme en témoigne le point d'exclamation. Il le fait sur des questions aussi abstraites que l'esprit de la résistance, la réforme des retraites et le sens de la Sécurité Sociale. Les lecteurs ont pleinement reçu cette vibration qui combine raison et émotion. La plus belle preuve de la capacité de notre esprit, à froid, de s'échauffer et de se mobiliser, fut le succès de ce libelle, traduit en 34 langues et imprimé à 4 millions d'exemplaires en un an. *La raison et l'imagination ont un pouvoir éthique, et ce pouvoir est dans nos mains. Nous avons un devoir de l'activer.*

Pour le dire autrement, il y a ceux qui restent dans l'attitude passive. Leurs esprits reçoivent le monde et ne s'ébranlent que du choc qui leur est parfois communiqué. Cette attitude fait de ces esprits la proie facile des manipulations d'opinion – les images qui font peur, les engouements factices, etc. Ces esprits ne se soucient que de ce que le cours des choses place dans leur champ d'attention. Parfois, étrangement, ils entrent en éruption soudaine, sur un facteur déclenchant qui n'est que la dernière goutte qui a fait déborder le vase. Leur responsabilité, quand il s'agit d'effets hors-champ, n'est pas assumée parce qu'ils n'y prêtent pas attention. Ce sont des irresponsables par passivité et étroitesse de vue.

À l'inverse, il y a ceux qui adoptent une attitude active. Leurs esprits *enquêtent* sur le monde ; leurs raisons réfléchissent et leurs imaginations leur permettent de se projeter sur des pans de réalité multiples. Ils sont rebelles à la manipulation et cultivent des outils d'autodéfense

---

35   Hessel (Stéphane) : *Indignez-vous !*

intellectuelle[36]. Ils se soucient, potentiellement, de tout, et s'exercent à prioriser leurs réactions. Ils essaient d'être des stratèges éthiques de leurs mobilisations, si bien qu'ils sont constamment mobilisés, et souvent pour des motifs tout à fait valables. Ceux-là ne se contentent pas d'être des spectateurs du monde ; ils veulent en être des acteurs. Ils ne se résignent pas à négliger le hors-champ ; ils s'efforcent par leur esprit d'enquête de mettre dans le champ de l'attention ce qui risquait à tort d'être oublié ou occulté. Ils ont le souci d'assumer leur responsabilité, y compris lorsqu'elle concerne des effets dont ils ne seront jamais mis en présence. Au lieu d'être bornées au petit enclos d'un train-train étriqué, leurs vies se déploient sur le monde et vibrent avec lui.

Autodéfense intellectuelle

Qu'on ne se méprenne pas. Il n'y a pas deux catégories figées. *Nul n'est condamné à être agi plutôt qu'à agir.* L'attitude passive et bornée n'est aucunement une fatalité : chacun a les ressources en soi pour passer à une attitude plus active. Allons même un cran plus loin : chacun a les ressources en soi pour faire en sorte que cette attitude active et curieuse devienne une *habitude* et un trait de sa personnalité.

Nul n'est condamné à être agi plutôt qu'à agir.

Là encore, ne croyez pas que cette question de la responsabilité à distance et des responsabilités hors champ relève de l'anecdote ou du cas rare. Elle est au contraire notre lot quotidien. Le garagiste qui vérifie les freins n'assistera pas aux conséquences de son action : il épargnera des vies à mille kilomètres de là. L'effet est bien réel. Sa conscience professionnelle lui fait un devoir de parer à ce risque. De même, le médecin ne côtoie ses patients que dans le temps limité de la consultation, mais il sait combien les effets de ses actes, hors de sa vue, peuvent être importants en termes d'angoisse et de souffrance. De même, le concepteur d'un logiciel sait qu'il y aura des utilisateurs loin de lui. Il serait donc de son devoir de s'enquérir de la pénibilité de son logiciel et de ses failles, qui peuvent produire des embarras kafkaïens – et il devrait tout faire pour y porter remède (d'ailleurs, ce devoir, souvent mal assumé, nous a tous valu sueurs froides et exaspération).

Ce qui vient d'être dit du rôle professionnel vaut aussi, bien sûr, pour le rôle de citoyen. Quantité de nos gestes ont des répercussions hors

---

36 Un bon exemple est le collectif Cortecs (https://cortecs.org) ou le petit livre pétillant d'intelligence de Normand Baillargeon : *Exercices d'autodéfense intellectuelle*.

champ. Comme ce sont *nos gestes*, nous devons en assumer la responsabilité. Faire subir au monde une attitude hargneuse rendra le monde plus hargneux et agressif, par un effet de contamination émotionnelle. Promener au contraire une attitude bienveillante rendra le monde plus agréable – soulignons au passage que la responsabilité vaut autant pour les effets positifs que négatifs.

> La responsabilité vaut autant pour les effets *positifs* que négatifs.

Autre exemple : ne pas trop se soucier des gaz à effet de serre dus à notre activité aura des effets à l'échelle de la planète et contribuera au péril lent mais massif qui s'annonce. Soyez curieux : calculez, même sommairement, votre empreinte carbone[37]. Regardez comment vous pouvez la baisser ; beaucoup peut être fait assez facilement.[38] Ayez en tête que votre insouciance a des répercussions.

> Soyons curieux.

Dernier exemple d'effets éloignés : nos populations européennes ont su accueillir, en des temps plus difficiles, des centaines de milliers de personnes venues d'ailleurs. Mais aujourd'hui nous refusons l'accueil de quelques milliers de migrants en détresse, prêts à mettre leurs vies en péril. Nous détournons le regard. Nous transformons des visages en chiffres. Ignominie absolue : nos gouvernements en sont même venus à entraver ceux qui veulent voir et aider[39], *tout cela pour que les morts meurent hors champ*, comme si ces morts n'existaient pas. On ajoute une mort symbolique et sociale à une mort personnelle. Comment pourrions-nous encore aller nous baigner dans un cimetière gonflé de cadavres – la Méditerranée ?

> Aujourd'hui nous refusons l'accueil de quelques milliers de migrants en détresse, tout cela pour que les morts meurent *hors champ*.
> On ajoute une mort symbolique et sociale à une mort personnelle.

La responsabilité était ici éloignée dans l'espace ; les mêmes questions se posent pour l'éloignement temporel. Le réchauffement

---

37 Cf. par exemple l'article « Bilan carbone personnel » de Wikipedia.
38 Cf. par exemple l'article « Atténuation du changement climatique » de Wikipedia.
    Surtout : délaissons ce qui est presque inutile. Réduisons ce qui est futile. Apprécions mieux le reste. Nous n'en vivrons pas plus mal.
39 Je parle des bateaux des Organisations Non Gouvernementales (ONG) : l'*Open Arms* de Pro Activa Open Arms, l'*Aquarius* de SOS Méditerranée, le *Sea-Watch 3* de Sea-Watch, le *LifeLine* de Mission LifeLine, et le *SeeFuchs* de Sea-Eye, etc. À l'heure où j'écris ces lignes, tous ont été bloqués dans leurs missions, qui consistent à voir et à aider. Ils avaient auparavant secouru plus de 100 000 personnes en péril. Depuis cette entrave, les morts se comptent par milliers.

climatique cumule les deux : la durée de séjour du gaz carbonique dans l'atmosphère est d'environ un siècle. Celui que nous rejetons aujourd'hui pourrira la vie de nos petits-enfants. C'est un crime contre l'humanité de tirer une telle balle dans leur cœur. Même si elle n'atteindra sa cible que dans 50 ou 150 ans, nous avons la certitude qu'elle l'atteindra. Nous avons la certitude d'être criminels. Nous sommes d'autant plus inexcusables que nous le savons depuis plusieurs décennies[40]. Imbéciles et criminels, plutôt que de nous empresser de faire baisser les émissions de gaz à effets de serre, nous les laissons encore augmenter. Nous nous noyons sous les paroles creuses et irresponsables de nos politiques et sous l'impéritie de notre insouciance. *Les faits sont pourtant là, effarants.* La trajectoire actuelle des émissions de gaz à effet de serre concorde avec le pire des scénarios du GIEC[41], celui d'une hausse de la température mondiale de 3,2 à 5,4 °C d'ici 2100. Nous allons donner à nos petits-enfants une Terre de souffrance, et peut-être même une Terre invivable. La seule lueur d'espoir vient des manifestations pour le climat, qui, depuis l'automne 2018, prennent de l'ampleur. Ceux qui ne tolèrent pas qu'on laisse hors champ l'un de nos problèmes majeurs sont en train de le montrer à tous, tout en transformant aussi leurs propres comportements : ils assument leur valeur d'exemple ; ils maximisent leur influence.

De même, nous continuons à rester inertes devant la chute de la biodiversité, qui, pourtant, est essentielle à nos vies. La disparition de centaines de milliers d'espèces a ceci d'effrayant qu'elle est irréversible. L'ampleur de ses effets reste mal connue et sous-estimée parce que nous avons toujours vécu dans un monde qui en bénéficie. Nous n'avons pas conscience de toutes les interactions tissées dans ce monde vivant où nous sommes imbriqués et dont nous sommes dépendants. La situation voudrait que nous soyons prudents, en restreignant drastiquement l'usage des pesticides et en pensant avec précaution l'usage des terrains.

Le réchauffement climatique est un crime contre l'humanité.

La chute de la biodiversité

---

40 Dès 1972, par la Conférence des Nations Unies de Stockholm et le rapport du Club de Rome, la gravité du phénomène était connue. En 1992, le Sommet de Rio et les travaux du GIEC (Groupe d'experts intergouvernemental sur l'évolution du climat) donnent des prévisions assez fiables, en indiquant les conséquences selon les scénarios d'action (premier rapport du GIEC : 1990). C'était il y a 45 et 25 ans… Nous avons depuis 25 ans toutes les cartes en mains pour agir ; et dans les faits il ne se passe presque rien ; les émissions de gaz à effet de serre continuent d'augmenter ; le baratin enfume la scène.

41 GIEC : Groupe d'experts intergouvernemental sur l'évolution du climat.

Enfin, à propos d'effets dans le temps profond, comment ne pas évoquer le problème nucléaire ? Si nous prenons le triste exemple de la France, pays le plus nucléarisé du monde, force est de constater qu'il reste beaucoup d'inconnu sur le démantèlement. D'une part, des questions techniques subsistent, sur la difficulté et la dangerosité d'un démantèlement[42]. D'autre part, faute d'une expérience réelle avancée, les estimation du coût sont très discutées, mais elles se comptent en dizaines ou centaines de milliards d'euros[43]. Par ailleurs, concernant la question des déchets, nous n'avons toujours pas de réponse aux déchets radioactifs dont la durée de vie excède le siècle ou le millénaire : la gestion d'un tel problème relève de l'inconcevable, donc du pari, donc d'une forme d'irresponsabilité envers nos descendants sur des centaines de

Le problème nucléaire

---

42 Le petit réacteur de type « eau lourde » de Brennilis, arrêté en 1985, devrait se poursuivre au moins jusqu'en 2039.

Pour le démantèlement des 6 réacteurs « uranium naturel graphite gaz », EDF n'a plus, semble-t-il, de solution technique validée ; ils ont pourtant été arrêtés voilà plus de vingt ans.

Pour la filière principale, à « eau pressurisée » (58 grands réacteurs en activité), le démantèlement du petit réacteur de Chooz A, en cours, servira de référence.

43 Les estimations du coût du démantèlement sont très variables, y compris entre différentes instances officielles (EDF, Cours des comptes, ASN, Assemblée...).

Pour les 6 réacteurs de type « uranium naturel graphite gaz », sans solution technique validée, il est impossible de connaître les coûts.

Pour les 58 grands réacteurs à « eau pressurisée », en 2005 la Cours des Comptes évaluaient le coût du démantèlement à 20 à 39 milliards d'euros, mais en 2013, elle l'évaluait à 87 milliards. En 2011, le rapporteur spécial de l'Assemblée nationale, Marc Goua, disait ceci : « La commission Énergie 2050 a en effet avancé le chiffre de 750 milliards d'euros pour 58 centrales. » Il estimait ce chiffre plausible.

Au Royaume-Uni, le 30 mars 2006, le gouvernement indiquait son intention de confier au secteur privé le démantèlement des 35 réacteurs pour un coût total de 103 milliards.

Les informations qu'on peut trouver sont donc diverses. Vu les sommes en jeu, ces écarts sont déroutants. Certains se demandent si EDF n'est pas déjà en faillite.

Remarque : ces chiffres ne portent que sur le démantèlement et n'intègrent pas les coûts relatifs aux déchets nucléaires.

générations – sans mentionner le risque qu'à un moment ces déchets soient une source de fabrication d'armes sales (un mélange d'explosif ordinaire et de déchet hautement radioactif peut rendre tout un territoire impropre à la vie humaine pour des générations). À rebours de la prudence et du sens des responsabilités, la France a plutôt choisi de prolonger la durée de vie de ses centrales vieillissantes, pour aller au-delà des quarante ans prévus. Ce vieillissement est si inquiétant que l'Autorité de Sûreté Nucléaire française répète, depuis 2016, que la situation est clairement *préoccupante*[44].

Au fond, nous sommes en train de consommer notre monde. Nous sommes en train de consommer notre propre substance. Une attitude responsable ne peut que s'inscrire dans le principe du développement durable : la règle de base devrait être qu'aucun de nos usages du monde ne diminue le monde, qu'aucun ne le consomme sans une intégrale restitution. Cela implique, par exemple, que tout ce que nous produisons soit intégralement recyclable et très majoritairement recyclé. Nos sols, nos terres, notre air, notre climat, nos écosystèmes ne doivent pas être consommés ou dégradés, mais soigneusement maintenus dans un état durable. Les usages de nos métaux doivent intégrer un recyclage presque intégral. Nos pollutions doivent pouvoir être résorbées à courte échéance. Etc. Les systèmes vivants sont capables d'une telle prouesse : produire une extraordinaire diversité de formes, de substances et de fonctions qui, une fois leur vie accomplie, nourrissent à nouveau ce système global et l'entretienne. Cette façon de faire est la seule qui entretienne la vie sur le long terme, y compris notre vie.

Ce principe du développement durable relève du simple bon sens et de la responsabilité que nous devons assumer sur le temps moyen et long. La fiscalité – positive et négative – devrait encourager ce qui s'inscrit dans un monde commun durable et décourager ce qui le diminue, en l'ajustant de façon à ce qu'elle soit efficace, car nous avons une obligation de résultat. De même, certaines productions prédatrices et certains usages aberrants devraient être proscrits. Sans cela, nous

> **Nous sommes en train de consommer notre monde, notre propre substance.**
>
> **Le *principe du développement durable* : la règle de base devrait être qu'aucun de nos usages du monde ne diminue le monde, qu'aucun ne le consomme, sans une intégrale restitution.**

---

44 Autorité de Sûreté du Nucléaire (ASN) : Communiqué de presse, 20/01/2016.
« M. Pierre-Franck Chevet [Président de l'ASN] a fait le point sur les enjeux auxquels l'ASN est confrontée et aux priorités stratégiques pour la sûreté nucléaire et la radioprotection en 2016. Il a souligné que "le contexte en matière de sûreté nucléaire et de radioprotection est préoccupant". »

détruisons notre propre substance, insensiblement mais inexorablement, et, décennie après décennie, l'humanité devient un colosse aux pieds d'argile qui, forcément, se rapproche du moment où il va s'effondrer.

Comme le souligne le Pape François dans son encyclique parlant de notre « maison commune » et de notre « sœur la Terre »[45], cette dévoration du monde touche en premier les pauvres, car les riches ont les moyens d'accaparer ce qu'ils veulent, y compris ce qui relève du superflu, alors que pour les pauvres ce serait une source pour répondre à des besoins élémentaires. Cette prédation induit, déjà aujourd'hui, une somme de souffrance et un cortège de morts inouïs. Nous devons passer de la dévoration à l'adoration – adoration : il nous faut reconnaître une valeur extrême, une valeur sacrée, à notre monde commun et plus précisément à un monde commun qui puisse s'épanouir au lieu d'agoniser. Son épanouissement est intrinsèquement lié à notre épanouissement.

Contrairement à ce que disait Emmanuel Kant, la bonne volonté ne suffit pas ou ne suffit plus. *Un comportement éthique exige aujourd'hui de savoir et d'enquêter.* Il faut bien sûr cesser d'être passifs, sans volonté, ou encore de mauvaise volonté, mais il faut aussi *connaître* pour savoir la liaison entre les causes et les effets : sans cela, la liaison d'auteur et la responsabilité ne peuvent être assumées parce que connaître c'est justement avoir une idée de la liaison entre des causes et des effets. Connaître sa responsabilité, c'est connaître nos liens d'auteur envers des effets dont nous sommes cause.

Le romancier Stéphane Beauverger a cette formule étrange :

Il n'y a plus de place en ce monde pour la bêtise.[46]

Il semble lui-même avoir été frappé par la phrase qu'il venait d'écrire. Le sens, en lui comme en son lecteur, résonne de plus en plus fort dans son roman au point d'en devenir une révélation. Cette phrase m'a d'abord fait sourire, puis je l'ai vue comme la sentence de notre temps, et enfin je me suis demandé s'il ne s'agissait pas d'une *prophétie*. Il n'y a plus de place en notre monde pour la bêtise, car notre bêtise est devenue

---

45 François (Souverain Pontife) : *Loué sois-Tu – Laudato Si. Sur la sauvegarde de la maison commune.*
46 Beauverger (Stéphane) : *Chromozone,* p. 26.

criminelle. La simple erreur est pardonnable ; la faute avérée ne peut plus l'être ; et la faute en bornant son esprit est devenue criminelle au vu des enjeux en cours. *Nous devons combattre notre propre bêtise.* Nous devons procéder à un examen méthodique et radical de nos valeurs, de nos actes et de nos incohérences. De même, nous devons combattre la bêtise des irresponsables qui nous influencent ou qui nous gouvernent. Nous devons ôter de leurs mains le pouvoir qu'ils exercent mal, à défaut de leur faire renoncer à la voie de la bêtise.

Le devoir de savoir, et le devoir d'imaginer les effets possibles, relèvent désormais de l'universel de l'éthique. Ils nous concernent tous.

*

Le dernier aspect qui peut fragiliser la liaison d'auteur provient d'une autre zone de complexité, celle de l'*agir collectif*. La question est d'autant plus importante que nous vivons dans des sociétés *intégrées* où la plupart de nos actes sont collectifs : nous avons un rôle qui se conjugue avec la compétence d'autres personnes pour aboutir à l'acte souhaité.

Le monde du travail est désormais loin de l'artisan, du paysan ou du médecin solitaires. Nous travaillons en équipe, avec à la fois des relations hiérarchiques et des relations de pairs. Pensez aux équipes de soin des hôpitaux, aux groupes de travail des industries ou des services, ou même au monde agricole, étroitement intégré à une chaîne de fournisseurs (de semences, d'engrais, de biocides) et à un réseau de transformation et de distribution.

Le monde familial est aussi, à l'évidence, un monde d'agir collectif, ne serait-ce qu'autour de l'entre-aide, des gestes d'amour, de la procréation, de l'éducation et des tâches domestiques.

Quant au monde politique, il est par essence collectif. La clef de voûte de son existence et de son système d'efficience repose sur la décision et l'action collectives.

Réfléchir aux actes collectifs est donc une nécessité de première importance.

Ici encore, certaines variantes de l'expérience de Stanley Milgram mettent en lumière de façon aiguë le problème. Pour rappel, dans cette expérience, il vous est demandé d'envoyer des chocs électriques de plus en plus puissants[47] à une personne dont le seul tort est de ne pas donner les bonnes réponses à un exercice de mémorisation. Si vous êtes en tandem avec une autre personne pour administrer ces chocs et que cette personne se contente de faire ce qu'on lui demande, alors vous aurez une très forte tendance à suivre vous aussi le mouvement et à ne pas vous rebeller contre cet acte inadmissible. À l'inverse, si vous faites partie d'une équipe de trois personnes devant administrer les chocs et que l'une refuse à un moment, puis la seconde quelque temps plus tard, alors il est très probable que vous aussi vous vous rebellerez[48].

Comme la situation expérimentale est strictement comparable, la variation est très significative. Dans un cas, l'exemple de l'obéissance vous incite à obéir ; dans l'autre celui de la désobéissance à désobéir, et ce ci alors qu'il s'agit foncièrement du même acte.

Ces résultats ont des implications éthiques majeures pour nos actes collectifs. En premier lieu, ils nous montrent que *l'effet de groupe est un effet majeur*, y compris lorsqu'il s'agit de groupes réduits à deux ou trois personnes. Il est crucial d'y être très attentif. Un groupe à l'esprit borné, plein de rancœurs, ou apathique, a un risque élevé de déraillement éthique. Il est vulnérable à la routine obtuse, au « je-m'en-fiche » ou aux manipulations en tout genre. En revanche, un groupe curieux et attentif a

> **L'*effet de groupe* est un effet majeur.**
>
> **Un groupe à l'esprit borné, plein de rancœurs, ou apathique, a un risque élevé de déraillement éthique.**

---

[47] Il s'agit en fait de chocs fictifs. Celui qui est censé recevoir ces chocs a été formé pour avoir une réponse crédible (gémissements, cris, hurlements, état de choc…). Aucun des sujets testés ne s'est douté de la supercherie. L'expérience visait à déterminer à quel point nous aurions tendance à obéir à une injonction verbale simple, y compris quand elle conduit à faire souffrir quelqu'un.

[48] Les données exactes sont les suivantes :

Expérience de base (n° 2) – l'individu testé est seul à administrer les chocs : 62 % ont continué d'administrer les chocs jusqu'aux niveaux les plus élevés.

Expérience n° 17 – l'individu testé est en tandem avec une autre personne, à qui vous dites si la réponse est bonne ou mauvaise et qui administre les chocs, sans se poser de question : 93 % sont allées jusqu'au bout.

Expérience n° 18 – l'individu testé est dans une équipe de trois personnes, l'une se rebelle à un tiers de l'expérience, l'autre aux deux tiers : seulement 10 % des individus testés vont alors jusqu'au bout.

Milgram (Stanley) : *Soumission à l'autorité*.

toutes les chances de savoir s'autocorriger et réagir pour éviter un acte collectif délétère : on ose y parler, proposer, adopter un changement qui paraît bien venu. Dans un cas, le dysfonctionnement du groupe met en sommeil l'esprit collectif ; dans l'autre la réaction de l'un éveille l'intelligence de tous.

La seconde leçon à tirer de ces expériences souligne la *valeur d'exemple*. Elles incitent chacun à tirer profit des bons exemples (exp. 17) et à s'en inspirer. Devant un bon exemple, où une personne ouvre une voie meilleure, ne restons pas passifs : exprimons-lui notre approbation et apportons-lui notre aide. À l'inverse, défions-nous des mauvais exemples (exp. 18). Méfions-nous d'entrer dans le sillage de leur routine ou de leur influence sur le groupe, qui peut faire passer pour normal quelque chose d'inacceptable. Efforçons-nous de contre-balancer l'influence délétère que peut avoir un mauvais exemple en exprimant notre désapprobation et en réagissant, si cela est nécessaire et utile.

En troisième lieu, prenons aussi conscience de *notre propre valeur d'exemple*. Par notre seule présence, nous influençons autrui. L'absence de réaction de notre part est un exemple d'absence de réaction aux yeux d'autrui. À l'inverse, assumer positivement sa valeur d'exemple – en étant parfois moteur – va exercer une influence positive sur le groupe. Il peut s'agir d'impulser une meilleure ambiance – ce qui facilite la réflexivité et la prise de parole –, ou d'oser poser une question au bon moment et avec le doigté requis, ou encore d'exprimer ses doutes, voire sa désapprobation. Devant une telle attitude, on s'aperçoit souvent que d'autres viennent étayer le premier à réagir et qu'ils n'attendaient qu'une chose : que quelqu'un fasse le premier pas. Nous mentionnions, quelques pages plus haut, que ne rien faire, c'est montrer qu'on fait « rien », et que cela a des effets sur la réalité et qu'il faut les assumer. Nous en avons ici la démonstration.

Pour rappel, dans l'expérience de Stanley Milgram, il ne s'agissait pas de faire un acte anodin, mais d'infliger une douleur à autrui sous prétexte d'obtenir des résultats intéressants. La douleur, modeste au début de l'expérience, allait croissant, devenant « très forte » dès le premier tiers, et dépassant le « choc intense » dès le deuxième tiers. Aucun des sujets testés n'a administré ces chocs de gaieté de cœur. Tous réprouvaient l'acte d'administration de ces chocs électriques barbares, et pourtant beaucoup continuaient à tenir leur rôle dans cet acte collectif. Si, même

Un groupe curieux et attentif a toutes les chances de savoir s'autocorriger et réagir pour éviter un acte collectif délétère.

La *valeur d'exemple*

Devant un bon exemple, ne restons pas passifs : exprimons-lui notre approbation et apportons-lui notre aide.

À l'inverse, défions-nous des mauvais exemples.

Prenons conscience de *notre propre valeur d'exemple*. Par notre seule présence, nous influençons autrui. Assumer positivement sa valeur d'exemple – en étant parfois moteur – va exercer une influence positive sur le groupe. Il peut s'agir d'impulser une meilleure ambiance – ce qui facilite la réflexivité et la prise de parole –, d'oser poser une question au bon moment et avec le doigté requis, ou encore d'exprimer ses doutes, voire sa désapprobation.

dans de telles conditions extrêmes, l'effet de groupe et de contexte conduit à de tels actes, alors il est crucial d'en prendre conscience et d'*entrer en vigilance* quand notre action s'insère dans un acte collectif. *Il n'y a pas de sottes questions et d'inutiles curiosités.* Sans question, il n'y a pas de possibilité de réponse ; sans curiosité, il n'y a pas de possibilité de progresser.

Autre enseignement, Stanley Milgram ne s'est pas contenté de récolter des chiffres. À la fin de chaque expérience, il réalisait un entretien avec la personne afin d'appréhender ce qui s'était joué dans sa conscience. Tous les individus testés ont fait part d'un intense conflit intérieur, et, après-coup, d'un *remords*. Cette tension et ce regret montrent la présence bien vivante en eux de valeurs et de capacités de réflexion. Il n'y avait pas d'abolition véritable de la conscience. Mais, sur le moment, il fallait constater la mise en jeu de formes variées de dérivation de la tension : propension à reporter la faute sur l'autre, dévalorisation de la victime qui aurait « mérité » la punition, transfert fictif de la responsabilité sur autrui, concentration dans l'action technique, vision de soi comme un simple maillon pris dans un « système » englobant, construction mentale d'un devoir d'obéir à l'autorité, etc. Chacune de ces dérivations mentales pointe du doigt une source de vulnérabilité dans le sens de la responsabilité. Chacune appelle à un double effort de lucidité et de vigilance, y compris envers soi-même.

À cet égard, la question de la responsabilité au sein des actes collectifs met en lumière deux principes directeurs, si nous voulons que le « nous » qui fait l'acte agisse en synomie et non en dissynomie.

Le premier est le *principe des rôles propres* : quel est le rôle de chacun dans cet acte collectif, ou, pour le dire plus simplement : qui doit faire quoi ? Ce principe, bien connu de tous ceux qui se sont penchés sur l'organisation du travail, permet d'affirmer la responsabilité de chacun, d'éviter des déresponsabilisations abusives ou des sur-responsabilisations néfastes. Il conduit à avoir à l'esprit l'organigramme des responsabilités et à faire en sorte qu'il soit en adéquation avec l'organigramme des compétences.

> **Il est crucial d'entrer en vigilance. Il n'y a pas de sottes questions et d'inutiles curiosités.**

> **Le principe des *rôles propres* : quel est le rôle de chacun dans cet acte collectif ? Pour le dire plus simplement : qui doit faire quoi ?**

Le second est le *principe de coordination* : il doit exister un espace pour discuter, établir et améliorer le fonctionnement du groupe en tant que groupe. La recherche de synomie requiert que chaque acteur y soit actif, car chacun, du fait de son rôle et de ses compétences, est susceptible d'apporter une pierre utile à l'édifice. Imposer un organigramme « d'en haut » ne peut être que dissynomique, car c'est se priver d'une bonne part de la connaissance du réel détenue par chacun des acteurs. Ceci est une des raisons qui explique le peu d'efficacité du management à distance et des restructurations ne reposant que sur des documents et des structures théoriques[49]. Le groupe a besoin que vive un esprit de groupe, et le groupe a besoin d'entretenir des porosités avec les groupes contigus et avec les groupes plus grands dans lesquels il s'insère. Le principe de coordination est donc une architecture vivante, une *personnalité*, comprenant à la fois :

– une conscience collective des compétences respectives,

– une conscience collective des actes,

– une conscience collective de la coordination,

– un esprit collectif réflexif, curieux de mieux faire,

– et un esprit collectif ouvert capable de s'inspirer d'autres esprits, qu'ils soient individuels ou collectifs.

La synomie n'est pas le fonctionnement parfait et définitif du tout de ces cinq dimensions, mais la recherche vivante et constante d'une amélioration collective. Nul n'est parfait, mais tous peuvent et doivent apprendre et chercher à s'améliorer.

Le tableau suivant reprend chacun des traits de cette personnalité collective et indique, pour chacun d'eux, le problème de personnalité qui apparaît lorsque ce trait fait défaut.

Si on y prend garde, on pourra s'apercevoir, par une foule d'exemples, que lorsqu'une de ces dimensions fait défaut, la personnalité collective tend à devenir maladroite, mythomane, incohérente, bornée, et/ou fermée, selon la dimension affectée.

---

49   Cf. Marie-Anne Dujarier : *Le Management désincarné*.

Personnalité collective		
Trait de personnalité	**Synomie**	**Dissynomie**
	Qualité de personnalité (en cas de bonne culture du trait de personnalité)	**Problème de personnalité** (en cas de défaut de culture du trait de personnalité)
Conscience des compétences Conscience par chacun·e des compétences respectives	*Adresse*	*Maladresse*
Conscience des actes Conscience par chacun·e des actes collectifs faits ensemble	*Lucidité*	*Mythomanie*
Conscience de la coordination Conscience par chacun·e de la coordination collective	*Cohérence*	*Incohérence*
Esprit réflexif Espace réflexif commun où chacun·e peut partager avec les autres ses remarques et ses propositions	*Réflexivité*	*Esprit borné*
Ouverture d'esprit Ouverture de l'esprit collectif pour s'inspirer d'autres esprits, individuels ou collectifs	*Esprit ouvert*	*Esprit fermé*

On voit ainsi des structures professionnelles à la fois mythomanes, incohérentes et bornées, comme ce qu'a produit à l'hôpital, à l'université ou dans les autres services publics, l'application française de la Nouvelle Gestion Publique (*New Public Management*).

On voit aussi des conformations de sociétés mythomanes, incohérentes, bornées et en voie de fermeture, comme incite de plus en plus à le penser la pullulation des informations falsifiées (*fake news*), le déni du changement climatique, la divergence entre les engagements et les actes chez les gouvernants et chez les gouvernés, et le repli dans une identité fictive.

À l'inverse, on peut constater aussi des fonctionnements collectifs remarquables, montrant l'extraordinaire démultiplication de capacité qu'engendre le cumul des vertus collectives.

L'une des conséquences de cela est l'attention à porter aux *institutions* et plus précisément à leurs règles de construction et de fonctionnement. Les constitutions (pour les États), les statuts (pour les organisations), la culture (pour les sociétés) ont un rôle structurel décisif pour ces personnalités collectives. Les décisions les plus importantes sont celles qui concernent la manière de décider. Leur portée sur le long terme est immense ; leurs failles peuvent s'avérer dramatiques.

*

Notre responsabilité est notre signature sur le monde. Elle nous révèle. Elle exprime autant ce que nous faisons de *bien* que ce que nous faisons de *mal*. Elle peut nous valoir aussi bien le *remords* que la *fierté*, la *culpabilité* que l'*estime de soi*, l'*insatisfaction* que la *satisfaction*. Il nous appartient de la prendre à bras-le-corps.

Puisse-t-elle nous rendre constamment plus grand que nous-mêmes, être une aspiration constante qui invite notre cœur et notre raison à aller un pas plus loin dans notre épanouissement.

9

Conditions matérielles et société poreuse

Ce chapitre, un peu à part, est une application directe de ce qui précède. La préoccupation éthique du respect de l'égale dignité de tous, du soin à porter au monde commun, de la porosité des « nous », de la recherche de synomie, nous a en effet poussé à pointer du doigt le risque de scissions sociales dues à l'accroissement des inégalités de richesse. Parmi la question des situations et des contextes favorables ou défavorables à notre épanouissement humain personnel et collectif, le problème de l'inégalité fait une résurgence inquiétante.

*

La richesse est une belle chose. Elle permet de jouir d'une vie aisée, de pouvoir échanger des biens et des services, de se prémunir de certains aléas de la vie, et de pouvoir donner. Mais *la propriété peut aussi bien rapprocher par l'échange ou le don que séparer par la différence des conditions d'existence.* L'organisation de la propriété est donc une clef qu'il ne faut pas sous-estimer. Il est important de l'aborder sous un angle éthique.

Dans les pires des systèmes de propriété, la force, le droit et la misère noire peuvent faire d'une personne la propriété ou l'assigné d'une autre, ce qui s'appelle esclavage ou servage. Dans ce cas, la personne est devenue un bien, une chose. Or, dans le Droit et dans l'éthique, la distinction essentielle est celle qui existe entre les personnes et les choses. Les personnes ont une dignité ; les choses n'en ont pas. Les personnes peuvent posséder des choses, les utiliser, les consommer, les détruire. L'humanisme a pour première exigence de placer sous le sceau

> **La *richesse* est une belle chose, mais elle peut aussi bien rapprocher par l'échange ou le don que séparer par la différence des conditions d'existence.**

de l'interdiction le fait de posséder un être humain et de ne le considérer que comme une chose, car cela porte atteinte à la reconnaissance de sa dignité.

Sans atteindre l'extrême de l'esclavage et du servage, la pauvreté peut conduire la personne dans le besoin à accomplir des actes de subsistance qu'elle désapprouve (voler, mentir…), qu'elle abhorre (blesser, trahir…), ou qui la dégrade et l'humilie (s'épuiser à la tâche, être prostitué·e). L'inégalité des conditions, lorsqu'elle est très importante, induit la domination de certains « nous » sur d'autres « nous ». Elle porte atteinte à la fois à l'autonomie et à la synomie.

L'éthique ne peut donc pas se contenter d'être abstraite. Elle ne peut pas délaisser la question des conditions matérielles. Elle doit mettre en place un mécanisme qui limite les inégalités de propriétés pour éviter de les faire basculer dans une inégalité des dignités. *La différence des conditions matérielles ne doit pas devenir une obscénité éthique.*

*

La première des choses est de réduire au maximum les aliénations majeures que sont la mort et la souffrance. Dès qu'elle recèle suffisamment de richesse, une société doit faire en sorte :

– que chacun puisse recevoir les soins de prévention qui repoussent les morts évitables ;
– que chacun puisse recevoir des soins de bonne qualité lorsqu'il est malade ou enceinte ;
– que chacun ait des moyens lui permettant de ne pas mourir ou souffrir de la faim, du froid, ou de l'extrême chaleur.

Les sociétés développées ont presque atteint les deux premiers buts. Le troisième est aujourd'hui comme oublié, si bien qu'on aboutit à des situations paradoxales où des personnes reçoivent des soins coûteux à l'hôpital mais manquent de nourriture ou n'ont pas de toit. Il faut de la cohérence dans l'action. De même, il ne faut pas que les voies d'accès à ces conditions de bases soient compliquées. Aujourd'hui, bien des personnes qui auraient droit à telle ou telle aide n'exercent pas ce droit parce qu'elles ne le connaissent pas ou parce qu'il est trop complexe.

De ce fait, plutôt que de multiplier les dispositifs d'assistance jusqu'à former un édifice labyrinthique et incohérent, il serait plus logique, plus respectueux et plus économique de se limiter à deux volets complémentaires :

- *l'accès universel à la santé*, c'est-à-dire l'accès aux compétences humaines et aux moyens permettant de prévenir et de soigner, ainsi que d'agir sur les situations de handicap ;
- la dotation universelle d'*un revenu de survie* dont chacun disposerait pour parvenir à se nourrir et se loger où il vit, en toute autonomie.

L'accès universel à la santé

Un revenu de survie

Ce dispositif minimal permettrait d'éviter les conditions de vie misérables, celles qui poussent à l'aliénation de soi ou à la violence. (Sa relative simplicité éviterait aussi l'inflation administrative, à la fois coûteuse, chronophage et peu efficace quand les dispositifs se superposent en tous sens.)

Bien sûr, ce qui est dit ici pour les pays développés mériterait d'être pensé et organisé pour tous les êtres humains de la planète. Vu la richesse mondiale, n'oublions jamais que *nous en avons les moyens* et que l'argument du « c'est impossible » est faux. Nous sommes responsables des impuissances – fictives – dans lesquelles nous nous complaisons.

Nous en avons les moyens.

*

L'autre côté des inégalités de conditions mérite aussi notre attention. Si, tout en haut de l'accumulation de richesses, les conditions d'existence deviennent exotiques tant elles sont différentes de la majorité des personnes, la société cesse d'être une société commune pour devenir une société séparée, une société de classes à part, voire de castes. On aboutit alors, de fait, à une inégalité de considération, de reconnaissance et de dignité. *L'importance éthique de la porosité des « nous » et du côtoiement en lisière s'oppose directement à ces sociétés réparties en classes sociales ségrégées.* Une des conditions de possibilité de la porosité est le manque d'étanchéité, ce qui suppose de mener des vies *où on puisse se côtoyer*.

L'importance éthique de la porosité des « nous » et du côtoiement en lisière s'oppose directement à des sociétés réparties en classes sociales ségrégées.

L'histoire nous montre le retentissement humain qu'a pu avoir une très forte inégalité dans les conditions matérielles. Au début du XXe siècle

– ce n'est pas si loin de nous – les langues portaient en elles ces séparations. Le mot « monde » pouvait signifier tantôt « l'ensemble de tout ce qui existe », tantôt « les gens distingués par leur position, leur fortune, leur éducation, leur élégance »[50] comme si la grande majorité des personnes ne méritait pas qu'on y porte attention. D'ailleurs, le droit de vote faisait de l'inégalité de fortune une inégalité de dignité par le suffrage censitaire. Le « cens » conditionnait le droit de vote au paiement d'une certaine quantité d'impôt, ce qui, de fait, en excluait une forte proportion de la population. Il faudra attendre 1848 en France, 1894 en Belgique, 1913 en Italie, 1918 en Prusse (système des trois classes), pour que le cens soit remplacé par le suffrage universel masculin, et quelques décennies encore pour que soit mis en place le suffrage universel véritable.

Thomas Piketty[51] montre à quel point les vies telles qu'elles sont décrites chez Honoré de Balzac en France et Jane Austen au Royaume-Uni font écho aux très fortes inégalités de richesses qui ont existé jusqu'à la Première Guerre mondiale. En 1910, en France et au Royaume-Uni, les 10 % qui détenaient le plus de patrimoine (logement, épargne, actions, etc.) en avaient 90 % du total. Les 1 % les plus hauts – les ultra-riches – en avaient à eux seuls 60 %. En parallèle, les 50 % les moins bien dotés n'en avaient que 2 à 3 %, c'est-à-dire guère plus que quelques habits, meubles et ustensiles.

De plus, ce système, bien que socialement admis, ne reposait pas sur le mérite mais sur l'héritage la plupart du temps. C'était une société assez étanche où une minorité de rentiers ne vivaient pas la même vie qu'une grande majorité de la population, misérable. La plus belle réussite *professionnelle* ne pouvait pas rivaliser, et de très loin, avec la richesse transmise par *héritage*. Si le hasard ne vous avait pas fait naître dans une famille riche, l'accès à la richesse passait par un mariage inespéré plutôt que par le mérite professionnel. Le sentiment d'injustice y était donc prégnant. Or, qui dit injustice, dit colère, facteur de violence.

L'ouvrage phare de T. Piketty a le mérite de nous faire prendre conscience que dans un monde comme le nôtre, où le rendement du capital est supérieur à la croissance de l'économie, il existe une tendance

---

50 *Nouveau Larousse Universel*, 1949, vol. 2, p. 235.
51 Piketty (Thomas) : *Le Capital au XXIe siècle*.

forte, presque inexorable, à un accroissement régulier des inégalités, jusqu'à atteindre des niveaux similaires voire supérieurs à ceux qui existaient avant la Première Guerre mondiale. Depuis les années 1980, nous sommes en train de retourner vers le XIXe siècle. Le très fort tassement des inégalités de richesses au XXe siècle a d'abord été dû aux deux guerres. Ensuite, de 1950 à 1980, ce sont certaines politiques fiscales, conjuguées à l'inflation, qui ont évité de voir les inégalités repartir à la hausse : la fiscalité sur l'héritage, la taxation des revenus du capital, et l'impôt progressif sur le revenu (le taux d'imposition augmente de plus en plus pour vos tranches de revenu s'ajoutant au-dessus des précédentes, le taux de la dernière est appelé « taux marginal »).

Sachant cela, il me semble qu'on peut se donner ces quatre principes pour guide :

- La fiscalité doit être juste et compréhensible par tous de façon à être acceptée par tous.
- Il est juste que le mérite personnel soit récompensé. Le travail, surtout lorsqu'il a une utilité humaine, doit être valorisé plutôt que l'héritage et la rente.
- La détention d'un certain patrimoine plutôt que l'absence de patrimoine est une bonne chose, car elle permet de se prémunir d'aléas de la vie. Il serait bon de faire en sorte que beaucoup ait au moins un petit patrimoine.
- La détention d'un patrimoine très élevé induit une inégalité excessive, comprenant des risques de scission sociale et une étanchéité trop forte au sein des groupes composant le corps social. L'utilité humaine globale de ces patrimoines très importants est faible voire négative.

La fiscalité doit être juste et compréhensible.

Il est juste que le mérite personnel soit récompensé, et non l'héritage ou les rentes.

La détention d'un certain patrimoine est une bonne chose, mais la détention d'un patrimoine très élevé induit une inégalité excessive, comprenant des risques de scission sociale

Comme chacun peut en juger, il ne s'agit pas de choix condamnant les inégalités de richesses, mais de choix condamnant l'*excès* de ces inégalités lorsqu'il atteint un niveau qui risque d'écraser l'égalité des dignités. Quand l'excès d'inégalités matérielles empêche la compréhension mutuelle, écrase les moins dotés et les relègue dans une dignité inférieure, il pose un problème éthique.

Les quatre principes listés ci-dessus ne sont pas des discours destinés à être contemplés comme des abstractions. Ils ont pour conséquence logique une politique fiscale concernant l'héritage et les revenus.

Fiscalité sur l'héritage et les donations à la génération suivante :

- Parce qu'il permet de prémunir ses enfants de certains aléas de la vie, il faut rendre nulle la taxation des petits patrimoines et même supprimer les frais d'enregistrement.
- À l'inverse, pour la partie des patrimoines se situant au-delà de cette somme, l'héritage devrait être de plus en plus défavorisé parce qu'il ne provient pas du mérite de l'héritier et que la transmission des grands patrimoines fait courir le risque de classes trop étanches dans la société. Cela suppose un impôt de type progressif (plus la somme est élevée, plus on atteint un taux marginal élevé).

En pratique, un tel rapport à l'héritage doit être ajusté de façon à faciliter l'ascension des pauvres à la classe moyenne et à freiner le passage de la classe aisée vers la classe ultra-riche. Elle doit nous éviter d'aller peu à peu, comme c'est le cas aujourd'hui, vers une société structurée en deux classes : les riches rentiers d'un côté et les pauvres de l'autre, avec une classe moyenne de plus en plus restreinte. Si nous voulons éviter une société violente, car injuste et clivée, il faut peser sur les règles de l'héritage et des donations aux enfants.

Pour que les choses soient justes, il est important que soit discuté ensemble ce qu'on appelle un « petit patrimoine » et un « grand patrimoine ». On pourrait par exemple exempter d'imposition jusqu'au patrimoine médian, c'est-à-dire environ un patrimoine de 150 ou 200 000 € (en France). On pourrait par exemple estimer qu'un patrimoine vingt fois supérieur est un « grand patrimoine », c'est-à-dire à partir de 3 ou 4 millions d'euros. Lors de l'héritage, il n'y aurait pas d'imposition jusqu'à 150 ou 200 000 €, puis une imposition de plus en plus forte, qui atteindrait 50 % à partir de 3 ou 4 millions d'euros et pourrait aller jusqu'à 75 % pour les montants supérieurs à 20 ou 30 millions d'euros. Une grande partie des héritages ne seraient donc plus imposée ; mais les grands héritages et les très grands héritages le seraient beaucoup plus que ce n'est le cas aujourd'hui (en 2020). Rappelons-le, la majorité du patrimoine est détenu par les 10 % des personnes les plus aisées, et les 1 % des très riches en concentre une grande part. L'effet de cette fiscalité sur l'héritage serait donc important.

La question de la succession et des entreprises mérite une attention particulière pour éviter que le moment de l'héritage ne soit un moment de déstabilisation des entreprises. On pourrait imaginer que l'imposition de l'héritage puisse être réglée en parts du capital de l'entreprise et qu'elle le soit aux collectivités locales ou à l'État, selon le choix des héritiers. Cela reviendrait à favoriser ce qu'on appelle le capitalisme rhénan, où les collectivités locales et l'État jouent un rôle économique et, en particulier, pensent au long terme. On pourrait aussi imaginer un code de conduite de la puissance publique dans l'exercice des droits liés à ce capital : favoriser la vision du développement à long terme, favoriser l'utilité humaine, favoriser une juste échelle des rémunérations, défavoriser les opérations de rachat d'entreprise lorsqu'elles paraissent nuisibles, définir des règles claires quand la puissance publique souhaite céder tout ou partie de sa participation au capital, etc. Il ne s'agit pas de perturber le développement de l'entreprise mais au contraire de le favoriser sur le long terme.

Passons maintenant à la question de la fiscalité des revenus. Ceux-ci doivent être décomposés en revenus du travail et en revenus du capital, car le rôle de l'effort et du mérite n'y est pas le même.

Pour information, dans une société riche et développée comme la France, la répartition entre deux moitiés de la population se fait autour d'un salaire médian de l'ordre de 1 800 € net (en 2020).

Fiscalité des revenus du capital

Fiscalité des revenus du capital (actions, obligations, loyers, etc.) :

– Les revenus du capital doivent être imposés de façon à éviter que leur rendement excède trop le taux de croissance de l'économie, sinon, mécaniquement, sans rien faire, le capital enfle plus vite que les revenus du travail ; et les inégalités de patrimoines s'accroissent.
– Qu'un capital investi dans une entreprise rapporte des dividendes est une bonne chose, mais au-delà d'un certain taux, ces dividendes doivent être de plus en plus fortement taxés pour éviter la prédation aux dépens de l'entreprise. De plus, pour ancrer l'actionnariat dans le projet d'entreprise et pour éviter une vampirisation à court terme, il faut que le taux de dividende des

actionnaires récents ait une décote, tandis que celui des actionnaires à long terme bénéficie d'une surcote.
– Les revenus du capital issus d'opérations dépourvues de sens économique (transactions à haute fréquence, produits financiers spéculatifs) sont à contrecarrer par une imposition adéquate.

Si la question des revenus est moins cruciale que celle de l'héritage et des donations entre générations, il est néanmoins important d'éviter un phénomène d'emballement du capital, comme le souligne T. Piketty. On sait que la majorité de la population consomme directement le revenu de son travail et se contente d'avoir une modeste réserve d'argent, qui prend la forme d'une épargne peu rémunérée. Les intérêts ne compensent même pas l'inflation. En revanche, les 10 % les plus aisés ont un capital à placer et les 3 % les plus aisés ont les moyens de recourir à des conseils de placement. Il en découle aujourd'hui qu'ils ont accès à des taux de rendement du capital bien plus élevés que l'inflation ou que la croissance des revenus du travail. Ce phénomène est délétère à deux titres. D'une part, il est injuste, car il ne provient d'aucun mérite. D'autre part, il accroît mécaniquement, en continu, l'inégalité des richesses, puisque la richesse elle-même s'enrichit. Lorsque la croissance des revenus du travail n'est que de 1 ou 2 %, rognée par une inflation de 1 ou 2 %, alors que, pour les détenteurs d'un capital important, les taux de rendement de ce capital sont de l'ordre de 5 à 7 %, l'effet devient dévastateur au bout de quelques décennies et les inégalités explosent.

Le second principe, celui d'une répartition équilibrée de la création de richesse par les entreprises, vise à ce que le travail en profite autant que le capital. C'est une question de justice de rémunérer de façon équilibrée les salariés et les investisseurs. De plus, il faut ancrer le capital dans l'économie réelle, celle du long terme. Devenir actionnaire doit être un choix d'investissement et non un moyen de vampiriser le capital de l'entreprise jusqu'à la laisser, exsangue, végéter, voire mourir. Le système de décote-surcote en fonction de l'ancienneté de l'actionnariat a pour but d'éviter la prédation et d'inciter au développement à long terme.

Le troisième principe, la taxation des opérations financières dépourvues de sens économique, a pour but d'éviter les bulles spéculatives et de veiller à ce que le capital s'enracine dans l'économie réelle. De nombreux produits financiers n'ont aucun sens économique et ne relèvent que d'une logique du pari spéculatif. Cette finance casino est à la fois injuste et porteuse de risques d'instabilité. De même, on atteint l'absurdité économique avec les transactions à haute fréquence (*high-frequency trading*), ces transactions boursières à l'échelle de la microseconde. Or, elles constituent aujourd'hui plus de 90 % des transactions sur le marché des actions. Elles n'ont aucun sens économique parce que la valeur réelle d'une entreprise ne fluctue pas de microseconde en microseconde. Ces transactions ne sont d'ailleurs pas déclenchées par des informations sur les entreprises, mais par des modèles mathématiques d'analyse des fluctuations du cours des actions. Elles sont donc purement financières et aucunement économiques. Deux moyens peuvent réduire cette bulle frénétique et instable : imposer un délai de latence pour toute transaction boursière (une seconde ou une minute) ou introduire une très faible taxation (un millième de la valeur), car l'intérêt financier des transactions hautes fréquences repose sur des gains faibles mais nombreux ; elles ne rapportent que grâce au volume très élevé des capitaux échangés. Il faut ancrer la finance dans l'économie réelle pour qu'elle cesse d'être mythomane.

Il faut ancrer la finance dans l'économie réelle pour qu'elle cesse d'être mythomane.

Il reste enfin le dernier aspect de la fiscalité et des inégalités de richesse, lié aux revenus du travail, que nous compléterons d'une remarque tout aussi classique sur la taxation de la consommation.

Fiscalité des revenus du travail, taxation de la consommation :

Fiscalité des revenus du travail et taxation à la consommation

- Les écarts de revenus du travail sont normaux pourvu qu'ils soient proportionnés au mérite. Deux problèmes évidents apparaissent. D'un côté, il serait révoltant que le mérite de travailler s'accompagne d'une rémunération si faible qu'elle ne permet que de végéter. Il faut donc qu'il existe un salaire minimum, qui ne soit pas misérable. De l'autre côté, aucun mérite ne peut justifier les revenus stratosphériques qu'obtiennent certains super-cadres ou dirigeants d'entreprise. Leur niveau élevé ne vient pas d'une justification économique mais du fait qu'il sont partie prenante dans la décision du montant de ces revenus. Une imposition des revenus de type progressif est indispensable (plus le salaire est élevé, plus ils atteignent un taux d'imposition marginal élevé).

– Les inégalités de richesse étant aussi dues aux dépenses, la fiscalité de la consommation doit être conçue de façon à être nulle pour ce qui relève des besoins indispensables, faible pour les besoins de base, et de plus en plus élevée lorsque la consommation a trait au superflu et au luxe. La taxe sur la valeur ajoutée (TVA) est aujourd'hui la source principale des finances de l'État, ce qui est inacceptable, puisque cela touche en premier lieu les personnes les plus modestes. Elle est à remettre à plat, en intégrant aussi une fiscalité écologique juste et bien conçue.

Tous ces éléments de fiscalité n'ont rien d'original. Ils sont connus depuis longtemps. Le soubassement philosophique de lutte contre les trop fortes inégalités de richesses pour éviter d'engendrer des inégalités de dignité est lui aussi assez classique. Je ne fais ici, avec bien d'autres, que les sortir de l'oubli relatif et les remettre dans la lumière du débat publique.

Emmanuel Saez et Gabriel Zucman[52] rappellent d'ailleurs que Franklin D. Roosevelt fondait sa politique sur ces mêmes arguments. Cela l'a conduit a accroître la progressivité de l'impôt sur le revenu jusqu'à fixer un taux marginal de plus de 90 % pour les ultra-hauts revenus (pour la part de revenu au-delà de 1 million de dollars d'aujourd'hui). De même, le taux d'impôt marginal sur les successions, pour les très hauts patrimoines, atteignit 80 %. Cette politique n'était pas due au contexte de la guerre mais à la lutte contre les inégalités excessives, puisque ces deux taux restèrent à plus de 70 % jusqu'au début des années 1980. On peut remarquer au passage que des taux élevés sur les très hauts revenus et patrimoines ne sont pas contraires à une économie dynamique. On peut remarquer aussi que ces mesures ne sont ni impraticables ni révolutionnaires.

*

Beaucoup d'entre nous connaissent, par leurs lectures romanesques, la violence et l'iniquité des sociétés européennes du XIXe siècle. Beaucoup ont aussi le souvenir et la nostalgie des sociétés plus égalitaires des années 1950-80, qui ont vu une forte régression de la misère, la constitution d'une classe moyenne nombreuse, et une place assez faible des ultra-riches dans la détention du patrimoine totale.

---

52 Saez (Emmanuel), Zucman (Gabriel) : *Le Triomphe de l'injustice*, pp. 64-74.

Rappelons-le, les données sur la richesse présentées par Thomas Piketty et ses collègues[53] montrent un creusement des inégalités depuis les années 1980. Dans l'ouvrage d'Emmanuel Saez et Gabriel Zucman, on peut voir que, de 1946 à 1980, la croissance profitait à tous aux États-Unis même si les ultra-riches en profitaient un peu moins. À l'inverse, sur la période 1980-2018, la croissance a été nulle ou presque pour les 50 % les plus pauvres, faible pour les 40 % suivants, et très élevée pour les 1 % les plus riches[54]. La croissance est captée par les très riches. La même tendance peut être notée en Europe, même si elle est moins marquée.

Nous ne reviendrons pas au XIXe siècle et à ses patrimoines fonciers et immobiliers, mais nous allons vers une nouvelle forme de société très inégalitaire, où la rente issue du capital financier investi en actions ou en part de capitaux d'entreprises, risque de jouer un rôle similaire en termes de concentration patrimoniale.

Voulons-nous vivre, nous et nos enfants, dans une société de nouveau clivée, où la misère et le faste se font face, où la violence devient explosive ?

Si on estime qu'une société a tout à gagner à entretenir une certaine porosité dans les « nous » qui la composent – parce que cette porosité atténue les sentiments négatifs facteurs de violence et enrichit le vécu humain de chacun – alors il faut reprendre en mains la direction de l'histoire.

On sait d'ailleurs que ces tensions sociales ont été un des facteurs amenant au désastre des deux guerres mondiales : on a focalisé les aigreurs et les rancœurs sur des boucs émissaires : les nations rivales, les Juifs, les étrangers. Faisons en sorte que l'histoire ne bégaye pas.

Voulons-nous vivre, nous et nos enfants, dans une société de nouveau clivée, où la misère et le faste se font face, où la violence devient explosive ?

---

53   Piketty (Thomas) : *Le Capital au XXIe siècle*.
54   Saez (Emmanuel), Zucman (Gabriel) : *Le Triomphe de l'injustice*, pp. 232-6.

10

Une société du mensonge ?

Nos sociétés ont un problème avec la vérité.

Sur cette question du rapport à la vérité, il est utile de regarder les choses dans le temps long de l'histoire.

En termes pratiques, nous avons plusieurs types de rapports à la vérité. Le premier est l'*évidence banale*. Quand je regarde mon porte-monnaie, je sais qu'il me reste trois euros. Quand une fourchette me glisse de la main, je sais qu'elle va tomber. Quand je sème des carottes, je sais que je devrai attendre qu'elles germent et poussent.

Nous vivons aussi avec des vérités « à étages », dans lesquelles ce premier étage ne pose guère problème. Par exemple, quand je regarde un chat qui dort, je sais – premier étage – qu'il dort. Je sais aussi – toujours une vérité du premier étage – que je ne sais pas si dans les minutes à venir il va continuer sa sieste ou s'éveiller.

Les choses se compliquent quand deux étages s'assemblent. Par exemple, quand une personne me dit « Il pleut », je sais qu'elle me dit « Il pleut » – premier étage. Toutefois, si je n'ai aucun écho direct de ce qui se passe à l'extérieur, je ne sais pas si cela est exact. La vérité de fond du « il pleut » n'est qu'indirecte, donc moins forte et évidente qu'une vérité du premier étage. Ce second étage, celui des vérités indirectes, comporte une part de *confiance*, avec laquelle nous devons vivre, c'est-à-dire aussi une part de doute que nous devons travailler.

Pendant très longtemps dans l'histoire de l'humanité, l'essentiel du quotidien baignait dans les vérités d'évidence banale. Cela nous vaut la nostalgie d'un jadis où les choses étaient plus simples.

Toutefois, comme on commence à le voir avec le « second étage », il y a toujours eu d'autres situations, des situations où le rapport à la vérité se complique. Par exemple, pour comprendre quelque chose d'inhabituel, il me faut faire un effort. Autre exemple, pour parvenir à un accord avec autrui, je dois discuter. Ou encore, pour savoir ce qui s'est passé dans la ville d'à côté, je dois me renseigner. De même, quand ma collègue me dit « On m'a dit que… » je ne m'y fie qu'en proportion du sérieux de cette collègue et de la plausibilité de la chose dite. Une part de mon jugement se met à travailler et à élaborer intuitivement une sorte de niveau de confiance ou de fiabilité. Or, cette part est elle-même à questionner. Quand un vendeur me vante son produit, s'il est assez habile pour jouer de mes motivations, il peut m'amener parfois à prendre mes désirs pour des réalités. Plus puissant encore, l'aspect pratique de mon rapport au monde et de ma relation à autrui a tendance à orienter mon regard en occultant ce qui me fait problème et en mettant en avant ce qui m'arrange.

Certains changements lents mais puissants dans le temps long de l'histoire font que ce domaine des *vérités compliquées* n'a fait que croître. Trois phénomènes massifs sont à souligner[55] :

> **Certains changements dans l'histoire font que ce domaine des vérités compliquées n'a fait que croître.**
>
> **Trois phénomènes massifs ont accru la part des vérités indirectes, rendant notre rapport à la vérité plus compliqué.**

– Le premier, *l'intensification des relations sociales*, conduit à l'émergence de phénomènes sociétaux en tant que tels, qui requièrent le partage de points de vue variés pour se faire une idée du phénomène, par exemple lorsqu'on se demande comment s'habiller pour le travail, pourquoi les dirigeants ne tiennent pas leurs promesses, ou en quoi il serait indécent ou non que deux personnes du même sexe s'embrassent dans la rue. De plus, nous vivons dans des entités collectives[56] qui, à la fois, ont un impact sur nos vies et sont distantes de nous, ce qui nous met en tension.

---

55 Il y en a sans doute d'autres.
56 Dès qu'une structure collective dépasse le million de membres, la distance entre l'instance de décision et la base devient importante. Le problème est encore majoré quand on considère des institutions telles que l'Union européenne, les États-Unis d'Amérique, la République de l'Inde, la Fédération de Russie, l'Organisation mondiale du Commerce, le Fond Monétaire International, etc. Le lien entre la structure et ce qui est structuré (les personnes) peut être parfois très indirect, tant dans le sens ascendant (émanation démocratique, ploutocratique, oligarchique) que descendant (structuration à distance, donc souvent biaisée).

Aujourd'hui, quel que soit notre continent, nous sommes très loin de la vie villageoise semi-autarcique qui était encore le lot de la grande majorité il y a trois siècles. *L'intensification des relations sociales fait que les phénomènes sociaux sont plus importants dans nos vies. Or, leur vérité est compliquée à approcher.*

– Le second, *la spécialisation des tâches*, fait que chacun, expert en son domaine, dépend des compétences des autres. Qu'il s'agisse d'acheter un service ou de collaborer pour le travail, chacun a son domaine et nous vivons une interdépendance qui a ses atouts (capacités pointues, efficacité potentielle…) et ses difficultés (détournements, incompétences…). En fait, à cause de nos spécialisations, d'un côté nous n'avons qu'une idée imparfaite des habiletés et connaissances d'autrui, de l'autre nous avons besoin d'autrui, si bien que la tension de confiance-méfiance est très présente dans nos vies.

– Le troisième, *la montée de la technicité*, nous fait utiliser des objets dont nous avons assimilé la fonction mais dont nous ignorons le fonctionnement. Le temps du monde agricole ancien, où chacun comprenait le fonctionnement interne de chacun de ses outils, est loin de nous. Je n'ai qu'une très vague idée du fonctionnement de mon réfrigérateur, de mon ordinateur, ou de ma machine à coudre. Là encore, en tension, nous sommes contraints de faire des sortes d'arbitrages un peu à l'aveugle.

Tout en nous permettant de *faire* et de *vivre* bien des choses, ces trois phénomènes nous compliquent la vie. Ils sont la source de failles potentielles dans nos vies quotidiennes. Au final, pour que nos vies restent vivables, nous avons besoin, au moins, de ces trois systèmes de garantie :

– *Un certain niveau de confiance, donc de fiabilité, dans la circulation des significations échangées dans la société.* Sans cela, on risque l'inflation de la méfiance, la peur d'être trompé, donc le repli sur soi pour se protéger, voire une paranoïa sociétale.

– *Un certain niveau de garantie dans le sérieux professionnel d'autrui.* Si je dois faire quelque chose avec quelqu'un, ou si je paie quelqu'un pour un service, je dois pouvoir compter sur son sérieux professionnel. Sans cela, je devrais tout vérifier, ce qui est chronophage, coûteux et angoissant, voire impossible.

1° L'*intensification des relations sociales* fait que les phénomènes sociaux sont plus importants dans nos vies. Or, leur vérité est compliquée à approcher.

2° À cause de la *spécialisation des tâches*, d'un côté nous n'avons qu'une idée imparfaite des habiletés et connaissances d'autrui, de l'autre nous avons besoin d'autrui, d'où une tension de confiance-méfiance très présente.

3° La *montée de la technicité* demande des connaissances sur le fonctionnement et l'usage des outils, que nous ne pouvons avoir que de façon partielle. Nous sommes contraints de faire des arbitrages un peu à l'aveugle.

Pour que nos vies restent vivables, nous avons besoin, au moins, de *trois systèmes de garantie.*

1° Un certain niveau de confiance dans la circulation des significations échangées

2° Un certain niveau de garantie dans le sérieux professionnel d'autrui

– *Une éducation à la technicité ordinaire pour savoir le bon usage des choses, leurs atouts et leurs limites.* Par exemple l'utilisation d'une automobile, la protection des données personnelles dans l'utilisation d'internet, les techniques de contraception, ou la connaissance de ses droits fondamentaux sont devenues des piliers sans lesquels on est vulnérable. Chacun de ces outils demande qu'on ait compris ce qu'il permet de faire, mais aussi là où il n'est plus fiable et là où il fait problème.

Nous pouvons tous constater que ces systèmes de garantie sont aujourd'hui déstabilisés. La parole est envahie par du « *bullshit* » (du « n'importe quoi », des conneries, des fadaises), comme le soulignent Harry Frankfurt[57] et Sebastian Dieguez[58]. Le rapport au professionnel est contaminé par le « vite fait, mal fait » dû à la recherche d'un profit optimal à court terme. Et l'inflation technique nous laisse parfois désemparés.

Au quotidien, nous sommes régulièrement déstabilisés. Que croire ? À qui faire confiance ? Où en sont nos systèmes de garantie dans la fiabilité du monde ? Nous le sommes d'ailleurs bien plus souvent que nous ne le pensons, car tout nous persuade que ce quotidien embrouillé est « normal », si bien que nous occultons notre anormalité personnelle au fur et à mesure, en oubliant. Par exemple, dans une même semaine, on peut se sentir trahi par du lait pour bébé à l'hygiène défaillante (l'affaire Lactalis), par une administration incompréhensible (fiscalité, justice, protection sociale...), par un artisan qui a mal fait son travail et se retranche derrière une imprécision du devis, par un chef qui fuit les questions et qui baratine, par une chaussette à peine usée et déjà trouée, par un logiciel rétif, par un gouvernement qui ne fait pas ce qu'il dit (par exemple sur le changement climatique), par un réseau social qui exploite vos données personnelles, par une imprimante récente qui tombe en panne, par des sportifs dont on apprend qu'ils sont dopés, par un train en retard du fait d'une voie vétuste, par la difficulté à trouver un médecin généraliste dans son canton, par le labyrinthe de l'orientation scolaire des enfants, etc. À chaque fois, la fiabilité est ici prise en défaut.

---

57   Frankfurt (Harry) : *On Bullshit*.
       Traduction française : *De l'Art de dire des conneries*.
58   Dieguez (Sebastian) : *Total bullshit !*.

Cela n'en finit pas. *L'inflation de ces déstabilisations rend ce monde épuisant*[59], *voire horrifiant*. À chaque pas, le sol peut se dérober sous nos pieds. Tout semble peu fiable. Tout *semble*... Nous vivons sous le totem de ce « semble », dans une tension de l'existence inédite, au risque de l'*épuisement*.

*

Pire encore, le phénomène paraît s'emballer, comme si, ayant rompu ses amarres avec la vérité, il se formait une énorme bulle de non-fiabilité en train de tout contaminer. Tout tangue. Tout n'est que bruit. Tout menace de se transformer en un pur jeu d'apparences. Or, *dans un monde au sens confus, les mythomanes sont rois*. Pire encore, dans un tel monde, les systèmes et les infrastructures de mythomanie sont récompensées, car l'intoxication, bien ciblée et fabriquée, emporte des succès sur la scène sociale ou sur la scène économique : sans système de garantie de la vérité, vous pouvez fabriquer des croyances qui vous valorisent indûment, ou des produits et services à la valeur surestimée, car rien n'y fait obstacle. Nous sommes saoulés, intoxiqués par le flux des non-vérités.

Nos sociétés sont ivres de mensonges.

Au lieu de cultiver les systèmes de garantie et de promouvoir la lucidité, elles glissent vers une culture de la mythomanie. Pour être plus juste, disons qu'elles sont devenues très hétérogènes. D'une part, certains domaines de la vie bénéficient de garanties de vérité qui fonctionnent assez bien, tandis que d'autres en sont dépourvus. D'autre part, une minorité lucide et active coexiste avec une majorité molle et réceptive aux mythomanies.

Quand la réalité et la vérité gênent, certains n'hésitent plus à fabuler des réalités et des vérités « alternatives », entre narcissisme, peur et

---

[59] J'utilise ici le terme d'*épuisement*. Il fait écho au *syndrome d'épuisement professionnel*, exprimé souvent par l'expression anglophone de *burn-out*. Par « épuisement » ou « épuisement existentiel », je veux signifier une fatigue profonde, un désinvestissement, un sentiment d'incompétence et la perte d'espoir. Cet état d'épuisement provient d'une difficulté trop forte à faire face aux exigences et aux contraintes contradictoires de l'environnement. Il entraîne le déclin de l'énergie profonde, de l'estime de soi et un sentiment d'abîme devant le monde.

facilité. Ils ne s'en cachent même plus. Ils sont passés au-delà de la honte du mensonge, dans l'ivresse de manipulations dont le succès devient un indice de valeur : par sa rétribution en termes de volume médiatique, l'enflure du mensonge est valorisée *de fait*. Ce processus permet de se bâtir une stature hypervisible à peu de frais en excitant son auditoire avec des histoires à se faire peur, comme en Europe le délire du « grand remplacement »[60] ou la théorie du complot anticulturel des « déshérités »[61], aux États-Unis, la phobie des élites de « Washington » ou les diatribes anti-socialistes, ou, en Russie, la menace étrangère et la phobie anti-homosexuelle, etc.

Cette *société du mensonge* a de quoi inquiéter, car le mensonge est *toxique* pour les esprits : il biaise les réflexions, il pervertit les émotions, il mine la confiance, il détruit la complicité. Pire encore, la simple présence d'une dose faible mais non négligeable de mensonge contamine

> **Le mensonge est toxique pour les esprits : il biaise les réflexions, il pervertit les émotions, il mine la confiance, il détruit la complicité.**

---

60 Théorie selon laquelle un complot aurait pour but de remplacer la population européenne par une population originaire d'Afrique noire et du Maghreb. Les auteurs de ce complot seraient, au choix selon les versions : les gouvernants, l'Union européenne, le Parlement européen, des élites intellectuelles cosmopolites, internationalistes ou de gauche, voulant éradiquer la culture chrétienne et mettre en place une islamisation. Comme on peut en juger, il s'agit d'un pur délire, s'appuyant sur le procédé du mille-feuille d'arguments qui consiste à collecter tout ce qui va dans le sens de ce qu'on avance, même si les éléments sont contradictoires, erronés ou fantasmés. On joue à se faire peur et à fasciner les crédules, donc cela attire les médias amateurs de sensationnalisme, d'où un effet boule-de-neige du type « si on en parle autant, c'est qu'il doit y avoir une part de vérité » donc on en parle encore plus, etc.

61 Dans *Les Déshérités*, l'agrégé de philosophie et homme politique François-Xavier Bellamy assure qu'il existe un projet de mise à bas de l'héritage culturel. Il en voit les racines chez René Descartes, Jean-Jacques Rousseau et Pierre Bourdieu. Le relais principal en serait l'Éducation Nationale, qui, selon lui, aurait adopté une politique de refus de transmettre. Cet ouvrage ne pioche que les éléments qui l'arrangent, ce qui est philosophiquement malhonnête. Par exemple, il prend soin d'ignorer que la « *tabula rasa* » de René Descartes est en fait motivée par une recherche extrême de la vérité et non une rupture de la transmission culturelle, ou encore que l'Éducation nationale est bâtie sur des programmes à forte charge de transmission de connaissances et qu'elle recrute ses enseignants par des concours où la maîtrise des savoirs est l'élément clef. Il s'agit, là aussi, d'une théorie du complot reposant sur des bases fantasmées.

tout le reste en jetant la *suspicion*. Le mensonge a un effet systémique. Il impulse des réseaux de failles dans notre appréhension du réel, alors qu'à l'inverse le souci de la vérité en renforce la cohérence. Le mensonge menace donc de nous faire vivre dans un monde en miettes et dans un monde peu fiable. Par cela, le mensonge engendre l'inquiétude et la crainte.

Quand on se met à douter de plus en plus systématiquement de la parole des autres, la voie de la complicité s'en trouve barrée. Les « nous » s'affaiblissent et parfois se disloquent. *La culture du mensonge est un chemin vers la solitude et le désespoir.*

De même, quand une part de nos « nous » a un problème avec la vérité, ces « nous » mythomanes risquent de dérailler. Beaucoup s'enivrent d'affabulations. Les manipulateurs s'en donnent à cœur joie. Chacun devient plus complaisant en « arrangeant » la vérité à sa façon. Les paroles et les images ne sont plus qu'un chaos où la puissance de vocifération et la saturation émotionnelle jouent de fausses « vérités » pendant que la vérité nue et maigrichonne survit dans des recoins ombrés. Quand la fête est finie, il ne reste qu'une scène triste et désolée. Chacun, confus ou déprimé, va s'enfermer chez soi. L'ivresse de mensonge, tôt ou tard, donne la gueule de bois ou la cirrhose. Des « nous » peuvent se désintoxiquer ; d'autres mourir de cancers.

*

Nous n'en sommes pas à notre premier épisode de société du mensonge. L'intelligence de l'humanité est une puissance d'imagination cultivée pour le meilleur comme pour le pire.

On se souvient du délire de supériorité du régime nazi et de la violence de sa propagande. La phobie de la dégénérescence de la « race aryenne » pouvait tout justifier : l'extermination des malades mentaux, des Juifs, des Tziganes, des femmes de « mauvaise vie », des homosexuel·le·s, mais aussi la confiscation de la parole, les autodafés, les purges politico-esthétiques contre l'« art dégénéré », ou la Nuit des Longs Couteaux pour liquider les amis trop puissants.

De même, le stalinisme a fait un usage immodéré du mensonge : culte du chef, rectification des photographies officielles, réécriture de l'histoire, production économique aux résultats falsifiés, contrôle des médias d'information, surveillance et délation de tous par tous, psychiatrisation des opposants, goulags, etc.

Ce sont là des exemples paroxystiques, mais aucun pays n'a été totalement exempt de bouffées de mythomanie.

À cet égard, il est inquiétant d'assister au retour en grâce de certaines de ces vieilles méthodes dans des pays qui s'en étaient pourtant écartés : la Turquie de Recep Tayyip Erdoğan, la Russie de Vladimir Poutine, la Pologne d'Andrzej Duda et de Jarosław Kaczyński, la Hongrie de Viktor Orbán[62], les Philippines de Rodrigo Duterte,

---

62 La Turquie de Recep Tayyip Erdoğan procède par purge, mainmise sur la justice, contrôle des médias, procès pipés, emprisonnement et dénonciation de bouc-émissaires (les « gülenistes », les Kurdes et les Européens par exemple).

La Russie de Vladimir Poutine utilise les assassinats ciblés, y compris à l'étranger, le contrôle des médias, l'emprise sur l'appareil productif par les « oligarques », les discours anti-occidental et anti-homosexuel, l'inféodation des autorités religieuses. En arrière-plan, comme une justification supérieure, elle cultive une mythomanie impérialiste. Ce rêve de « grandeur » s'exprime dans une stratégie lente et continue de conquêtes (Crimée), de vassalisations (Tchétchénie, Ossétie du Sud, Abkhasie, Transnistrie, Donbass ukrainien) et de zones d'influences (Biélorussie, Kazakhstan, Kirghizistan, Ouzbékistan, Tadjikistan, Turkménistan).

La Pologne d'Andrzej Duda et de Jarosław Kaczyński, ainsi que la Hongrie de Viktor Orbán, verrouillent de plus en plus la justice et musèlent les médias, sans réaction réelle de l'Union européenne. Ces deux pays, après un vent de folie xénophobe désormais bien installé, entreprennent désormais de rectifier leur histoire pour en faire un « récit national ». Ils revendiquent un « combat culturel » (Kulturkampf) religieux et traditionaliste : femme au foyer, étranger expulsé, « déviants » sanctionnés, etc.

Les Philippines de Rodrigo Duterte incitent chacun à faire justice soi-même en exécutant les drogués et les trafiquants de drogue, dans un pays où la consommation de drogue est similaire à la moyenne mondiale. Pour lui, le drogué n'est plus vraiment un être humain. Il a dit ceci : « Un crime contre l'humanité ? J'aimerais tout d'abord être franc avec vous. S'agit-il d'humains ? Comment définissez-vous un être humain ? » (StraitsTime.com, août 2016) Des dizaines de milliers d'exécutions extrajudiciaires semblent avoir eu lieu. Rodrigo Duterte se revendique comme dictateur ; il n'hésite pas à citer en exemple Amin Dada et à saluer la mémoire de Ferdinand Marcos.

le Brésil de Jair Bolsonaro[63], etc.

Nous tenions à citer d'abord ces pays parce qu'après une période d'avancée démocratique et d'avancée des droits, ils ont pris le chemin inverse. Ils renouent de plus en plus avec les techniques de mensonge cultivées par les dictatures européennes du milieu du XXe siècle.

L'exemple qu'ils donnent a plusieurs effets négatifs :

- Ils exacerbent en eux une culture du « eux contre nous », facteur de violence, exerçant sur les individus une pression sociale qui n'avait plus cours, défaisant peu à peu l'État de droit. Ils clivent et s'excitent de l'affrontement.
- Ils déstabilisent les « nous » dans lesquels ils s'inscrivaient, en particulier l'Union européenne (ou les liens entre les États d'Amérique du Sud).
- Ils apportent aussi sur un plateau une justification trop belle pour tous les pays qui étaient restés dans la dictature. Quand des peuples se détournent de la voie démocratique pour valoriser celle de la dictature, quand ils se détournent du respect de tous pour dévaloriser les femmes et les étrangers, alors les gouvernements dictatoriaux et dédaigneux des droits humains ne se sentent plus en porte-à-faux mais portés par le vent de l'histoire. Ils n'ont plus honte ; ils n'ont plus mauvaise conscience.
- À l'inverse, nos semi-démocraties, embarrassées par le désaveu de certaines d'entre elles, détournent les yeux, gênées. Elles s'accommodent encore davantage qu'auparavant des régimes iniques de l'Arabie Saoudite, du Qatar, de l'Égypte, de la Chine ou de la Biélorussie, par exemple. Elles se taisent et se laissent encore plus facilement corrompre par celles qui détiennent des richesses stratégiques.

---

63 Le Brésil de Jair Bolsonaro revendique la nostalgie de la dictature militaire et s'en prend à toutes les minorités et à tous les opposants : femmes, homosexuels, gauches, noirs, peuples indigènes. Le Secrétaire d'État à la Culture, Roberto Alvim, s'est inspiré d'un discours du nazi Joseph Goebbels en janvier 2020, pour promouvoir sa politique nationaliste et de « guerre culturelle » contre les « forces progressistes ».

Ce retour de l'Histoire a un goût étrange. *Nous pensions être vaccinés.* Pourquoi cette sensation de dislocation, d'invraisemblance, voire d'être trahis par l'Histoire ? Pourquoi des nostalgies imbéciles et des discours de peurs ont-ils à nouveau réussi à prendre consistance ?

La vague n'a pas été soudaine. Elle a commencé à se soulever dès les années 1980. Il suffit de regarder les scores électoraux de l'extrême-droite pour voir cette vague, décennie après décennie, monter en Europe et gangrener le monde.

Même lorsque l'extrême-droite est arrivée au pouvoir, les institutions européennes n'ont pas réagi. Elles ont oublié que leurs fondements se trouvaient dans l'État de droit et la démocratie plutôt que dans le marché et l'économie, d'où cette attitude désinvolte du « *business as usual* ». Détail significatif, le bras droit du Président Hongrois Viktor Orbán, Tibor Navracsics, est devenu Commissaire européen à l'éducation et à la culture – un homme du Fidesz, parti ouvertement xénophobe, traditionaliste et peu démocrate[64]. Au passage, il est révélateur de voir que Zsolt Bayer, polémiste influent du Fidesz, accuse la « génération en France qui a dirigé la perversion mentale et spirituelle de l'Europe », celle de Jean-Paul Sartre, Albert Camus et Simone de Beauvoir[65]. Il en appelle à une « révolution de la normalité » contre l'Occident décadent, comme le fait d'ailleurs, sur un autre ton, François-Xavier Bellamy en France et toute la mouvance néoconservatrice[66]. Tous les pays européens sont hantés par ces agitateurs de peurs et de complots imaginaires, avec un discours de la vigueur, des traditions, de l'autorité et de l'ordre, qui n'est pas sans rappeler *La Doctrine du fascisme* (1938) de Benito Mussolini – lisez vous-même les textes.

Même dans les pays qui n'ont pas basculé, on assiste dans les discours politiques au retour des vieilles nostalgies traditionalistes (idolâtrie

---

64 La Hongrie prise en main par le Fidesz, c'est un mode de scrutin biaisé, une justice aux ordres, des médias contrôlés.

65 Léotard (Corentin) : « En Hongrie, Orbán engage un "combat culturel" pour asphyxier la gauche », *Médiapart*, 17 décembre 2018.

66 Grange (Juliette) : *Les Néoconservateurs*. Ce livre montre avec une grande clarté la stratégie d'influence des néoconservateurs et leur noyau dur idéologique : traditionalisme des mœurs (cf. le mouvement Sens Commun), particularisme culturel, dédain des Droits de l'Homme, libéralisme économique.

nationale, femme au foyer, glorification de la force et de l'ordre), des vieilles diatribes anti-justice et anti-média, et des mêmes boucs émissaires : les étrangers, les « races » minoritaires, les homosexuels, les femmes émancipées. Ceux qui ont une fonction dans le rapport à la vérité sont pris à parti : les *juges* qui examinent les faits et les sanctionnent, les *journalistes* qui les révèlent, les *esprits critiques* qui montrent les contradictions et les délires, les *organisations non gouvernementales* qui rappellent le devoir d'humanité, et les *universitaires* qui se cramponnent à la recherche de la vérité.

> **Ceux qui ont une fonction dans le rapport à la vérité sont pris à parti : les juges, les journalistes, les esprits critiques, les organisations non gouvernementales, et les universitaires**

Si je ne prends que l'exemple que je connais le mieux, à savoir la France, le moins qu'on puisse dire est qu'elle n'est pas épargnée. Les actions gouvernementales des présidences de Jacques Chirac, Nicolas Sarkozy, François Hollande et Emmanuel Macron sont inquiétantes : implication dans des affaires judiciaires, copinages et conflits d'intérêts, déplacement du pouvoir judiciaire vers les procureurs et la police, traque des associations humanitaires de secours aux migrants, nomination des dirigeants des médias publics, lois généralisant la surveillance des individus, loi sur le secret des affaires, restriction au droit de manifester, utilisation d'armes non létales (LBD) mais dangereuses – tout cela diminue l'État de droit. Les discours aussi sont inquiétants : on se souvient des diatribes contre les juges et les journalistes de Nicolas Sarkozy, de Jean-Marie Le Pen, et, plus récemment, de Jean-Luc Mélenchon. Plus effrayants encore, des responsables de partis politiques importants – tels Marine Le Pen et Laurent Wauquiez – ont porté des discours d'extrême-droite ou de droite extrême qui drainent peu ou prou 40 % de l'électorat[67]. Des constats similaires peuvent être faits pour l'Italie, où Silvio Berlusconi et Umberto Bossi ont fait figure de précurseurs, pour l'Autriche et son chancelier d'extrême-droite Sebastian Kurz, mais aussi, à des degrés divers, pour l'Allemagne minée par l'AfD, le Royaume-Uni déstabilisé par le Ukip, les Pays-Bas influencés par le PVV, l'Espagne où Vox monte en puissance, etc. Seuls le Portugal et l'Irlande semblent en dehors de ce mouvement délétère, tandis que des pays comme la Slovaquie et la Roumanie tentent de faire le ménage.

Heureusement, des personnes soucieuses de démocratie et de respect réagissent, même si, aujourd'hui, cette constellation reste minoritaire et

---

67   Élections présidentielles, 2017, 1er tour de scrutin :
     Marine Le Pen (FN) 21 %, François Fillon (LR) 20 %.

très fragmentée. Une partie du remède est connu : parler à l'intelligence et aux sentiments positifs ; préserver et renforcer toutes les sources et tous les diffuseurs de lucidité : juges, journalistes, lanceurs d'alerte, universitaires, enseignants. *Il faut répondre à la mythomanie de la peur et de la force par une culture de l'espoir et de la lucidité efficace.* Les germes positifs sont là. Par exemple, un sondage auprès de la communauté #MoiJeune[68] plaçait la journaliste d'investigation Élise Lucet comme personnalité préférée, reconnue pour ne pas s'en laisser conter. Plus révélateur encore, les études menées de la Fondation *European Values Study* montrent qu'à côté de cette écume nauséabonde, le fond des valeurs des Européens continue plutôt son mouvement vers l'égalité des dignités, la responsabilité et la tolérance, dans la continuité du mouvement des Lumières[69].

Il faut répondre à la mythomanie de la peur et de la force par une culture de l'espoir et de la lucidité efficace.

De même, en même temps que des ouvrages nauséabonds, on voit sur les étals des librairies des ouvrages de lucidité. J'ai cité *Indignez-vous !* de Stéphane Hessel et *Le Capital au XXIᵉ siècle* de Thomas Piketty, mais il existe aussi des ouvrages de fiction qui cultivent cette lucidité. On peut mentionner, par exemple, ces romans phares de la littérature qui s'attaquent à la société du mensonge : *Nous autres* (1920) de Ievgueni Zamiatine, *Le Meilleur des mondes* (1932) d'Aldous Huxley, *Swastika night* (1937) de Katharine Burdekin, *1984* (1949) de George Orwell, *La Servante écarlate* (1985) de Margaret Atwood, et, plus récemment, *La Zone du Dehors* (1999/2007) d'Alain Damasio. Le succès actuel de ces deux derniers montre que beaucoup d'esprits sont en train de quitter l'anesthésie sociale.

---

68 Créée à l'initiative du quotidien gratuit 20 Minutes, la communauté #MoiJeune réunit 2000 jeunes représentatifs des Français de 18-30 ans. Dans ce sondage, Élise Lucet est précédée de Simone Veil, décédée en juin 2017, survivante d'Auschwitz, ancienne ministre de la santé ayant porté la loi dépénalisant l'interruption volontaire de grossesse.

69 http://www.atlasofeuropeanvalues.eu
    Pierre Bréchon and Frédéric Gonthier (Eds.) : *European Values. Trends and Divides Over Thirty Years.*

11
Le « Nous » politique
Vers un contrat démocratique

Mettre le doigt sur les effets délétères d'une société du mensonge ne suffit pas. En amont, il faut en cerner les rouages, et, en aval, créer des pare-feu. Cela ne peut se faire qu'en s'attaquant à ses formes principales. Chacun des derniers chapitres abordera un dossier clef : la question politique (11), l'intoxication publicitaire (12), les techniques d'influence (13) et le monde professionnel (14).

Il en existe d'autres, bien évidemment, mais ces formes-ci pèsent sur des pans entiers de nos vies quotidiennes : les choix citoyens, le rapport au monde, la circulation de l'information et le travail.

*

En politique, la culture du mensonge ne se limite pas au retour de la mythomanie autoritaire et traditionaliste. Elle vient surtout d'un bouquet de distorsions au sein même de nos semi-démocraties, ce qui fait justement qu'elles ne sont que des *moitiés* de démocraties.

Le mot « démocratie » signifie littéralement *le gouvernement par le peuple*. Le socle démocratique de nos systèmes provient non pas d'un gouvernement direct du peuple, mais d'un système de *représentation* du peuple. D'un côté, les citoyens élisent le chef du gouvernement, c'est-à-dire le pouvoir exécutif. D'un autre, ils élisent des représentants pour voter les lois, le pouvoir législatif. Les décisions sont donc *déléguées* aux mains des élus des pouvoirs exécutifs et législatifs[70].

Le socle démocratique de nos systèmes provient non pas d'un gouvernement direct du peuple, mais d'un système de *représentation* du peuple.

---

70   On peut ajouter à cela que le pouvoir judiciaire doit être indépendant des deux autres pouvoirs et intégrer, pour les affaires les plus importantes, un jury composé de citoyens. La formule varie selon les pays.

Dans cette architecture, *le vote a un aspect crucial*. Or, sans même parler de fraude, ce vote peut être biaisé et mensonger. Les techniques sont connues :

Des techniques pour biaiser le vote

- Le *charcutage électoral*[71] consiste à découper la carte électorale pour concentrer la plupart des électeurs et des électrices du parti concurrent dans quelques circonscriptions, ce qui va donner, dans les autres, la majorité au parti qu'on veut favoriser. Ce découpage biaisé peut être subtil, comme en France, mais il peut aussi devenir flagrant. Regardez par exemple la carte électorale du Comté de Harris, au Texas (USA) : le découpage des districts forme une dentelle aussi réelle que caricaturale. Le remède est connu : il suffit, comme au Canada, de confier le découpage électoral à une commission non partisane, issue par exemple d'un tirage au sort de citoyen·ne·s.

1° Le charcutage électoral

- La *discrimination électorale* rend difficile, voire impossible, l'accès au vote pour certain·e·s catégories. En exigeant certains types de documents administratifs, des populations défavorisées, à la domiciliation changeante, ou nées à l'étranger, se trouvent radiées ou exclues des listes électorales. De même, la répartition des bureaux de vote peut engendrer des files d'attente dissuasives dans les lieux où se concentrent les électeurs et les électrices du parti concurrent. Là encore, le même remède que précédemment peut être mis en œuvre.

2° La discrimination électorale

---

71 Les élections de Caroline du Nord pour le Congrès des États-Unis sont un autre exemple de ce charcutage électoral (*gerrymandering* en américain). En 2012, les Démocrates sont majoritaires avec 50,6 %, mais n'obtiennent que 6 élus sur 13 ; en 2016, avec une courte majorité de 52,2 % les Républicains raflent 10 élus sur 13 (77 % des élus). Cf. Bouvier (Pierre) et Breteau (Pierre) : « Midterms : comment le "gerrymandering", ou "charcutage électoral", pèse sur l'élection américaine », *Le Monde*, 30 oct. 2018.

Le problème n'est pas réservé aux États-Unis. En France, le découpage actuel (depuis 2008) est étrange. D'un côté la forme géographique des circonscriptions est parfois déroutante (par exemple la Quatrième circonscription de la Somme ou la Deuxième circonscription des Hauts-de-Seine), de l'autre toutes n'ont pas le même poids : la plus petite compte 63 148 habitants et la plus peuplée 146 866 (chiffres de 2011). Voter dans l'une a deux fois plus de poids que dans l'autre, puisque l'une comme l'autre élise un député et un seul.

– Le *biais de représentation* est un classique du genre, présent dès qu'il y a un suffrage indirect, c'est-à-dire quand on désigne des représentants qui vont être chargés d'élire les personnes pour les fonctions en jeu. En France, la situation du Sénat en est typique[72]. Autre exemple frappant, lors des élections présidentielles américaines de 2016, Donald Trump fut élu par 304 (57 %) « grands électeurs » contre 227 pour Hillary Clinton alors que cette dernière avait 2 868 686 voix d'avance chez les citoyen·ne·s et un score électoral supérieur : 48,2 % contre 46,1 %[73]. Le remède à ce biais est simple : bannir les suffrages indirects et confier à une commission non partisane le soin de veiller à ce que tous les votes aient le même poids.

3° Le biais de représentation

– La *distorsion d'information* est aussi un classique : faites en sorte que vos concurrents aient un accès médiatique inférieur au vôtre et vous produirez un déficit de notoriété et d'information. Cela peut provenir du contrôle direct ou indirect des canaux d'information (privés ou publiques), de moyens financiers inéquitables, ou par la proximité politique ou le conflit d'intérêts avec les dirigeants de ces canaux[74].

4° La distorsion d'information

Ces techniques pour biaiser le vote rendent les élections confuses et celles et ceux qui votent peuvent à bon droit ressentir du dépit et de la défiance. Heureusement, les parades existent et sont aisées à mettre en œuvre, pourvu qu'existe la volonté politique.

*

---

72   Même lorsque la Droite était nettement minoritaire, elle restait assurée d'une majorité au Sénat du fait d'une surpondération du monde rural.

73   De même, lors des élections présidentielles américaines de 2000, George W. Bush fut élu par 271 grands électeurs contre 266 pour Albert Gore alors que ce dernier avait 500 000 voix d'avance et un score électoral supérieur : 48,4 % contre 47,9 %. Cette discordance du résultat électoral fut aussi constatée en 1876 et 1888.

74   Cf. Cagé (Julia) : *Le Prix de la démocratie*. Cet ouvrage bien documenté montre à quel point l'argent et l'influence pèsent sur le vote et le biaise. Il va bien au-delà des quelques remarques que je me contente de faire ici et il propose de multiples pistes.

Le second type de problème, plus profond, encore plus important, vient du *principe de représentation* lui-même[75]. Dans nos semi-démocraties, nous n'élisons pas une politique, mais des hommes et des femmes qui sont chargé·e·s d'en décider. Le *contrat démocratique* repose sur le lien entre les engagements pris lors des campagnes électorales et les actions faites une fois les personnes élues.

Or, chacun peut constater que ce contrat est rarement tenu parce que rien n'est prévu pour qu'il soit respecté dans le fonctionnement institutionnel. Un ancien ministre français[76] résumait la situation dans cette formule cynique : « Les promesses n'engagent que ceux qui y croient ». À ce sujet, les électeurs, dans leur dénonciation, se trompent en partie de cible. Il ne suffit pas d'accuser les hommes et les femmes politiques d'être des super-menteurs. Il faut porter le fer plus loin. Le système électoral, en lui-même, favorise les super-menteurs, car, pour emporter l'élection, les hommes et les femmes politiques doivent promettre beaucoup. Cela plaît. Celui qui se contente d'engagements réalistes ne fait pas assez rêver. La réussite politique passe donc par l'inflation des promesses fantaisistes et leur manque d'élaboration sérieuse.

En somme, un homme ou une femme politiques qui veut réussir est incité·e à adopter cette stratégie :

1° moissonner les attentes superficielles des électeurs,

2° les traduire en promesses électorales,

3° s'en détacher derrière un écran d'enfumage lorsqu'il ou elle est élu·e et aller plutôt dans le sens des sources financières qui vont lui assurer le budget des prochaines campagnes électorales.

Le résultat de cela est une oscillation de plus en plus brutale entre la fièvre des périodes électorales et la désillusion qui suit, quand les promesses sont oubliées ou trahies. Les gens sont écœurés et amers. Cela va donner tantôt une atmosphère crépusculaire de marasme et de résignation, tantôt un embrasement de colère.

Un problème du *principe* de représentation.

Le *contrat démocratique* repose sur le lien entre les engagements pris lors des campagnes électorales et les actions faites une fois les personnes élues.

Ce contrat est rarement tenu parce que rien n'est prévu pour qu'il soit respecté.

---

75 Tout ceci est connu et discuté depuis longtemps. Je ne fais là que résumer les aspects les plus saillants.

76 Il s'agit de Charles Pasqua, qui fut Ministre de l'Intérieur de Jacques Chirac. Cet homme politique est connu pour ses actions troubles au sein du SAC et pour le charcutage électoral des circonscriptions législatives de 1986.

Tout provient de ceci : un système électoral où *nous n'élisons pas une politique mais des personnes qui vont en décider à leur guise, avec des promesses électorales qui ne sont pas des engagements véritables.*

Ce système favorise le mensonge. Il engendre une défiance de plus en plus forte envers la démocratie puisque cette démocratie n'est pas fiable. Ce n'est pas le peuple qui gouverne ; le peuple n'est qu'un couillon à appâter par des attrape-couillons le temps des élections. Les électeurs, révulsés, se sentent méprisés et trahis. Leurs réactions sont multiples, mais compréhensibles. Ceux qui sont ulcérés d'être considérés comme des couillons déposent dans l'urne le bulletin le plus nocif qu'il peuvent trouver. Ceux qui sont désabusés continuent à voter, mais ils n'en attendent plus rien. Ceux qui sont amers boudent les urnes pour dire à ce système qu'on ne les y reprendra plus.

Ici encore, le remède est assez simple, même s'il a été très peu mis en pratique. Il s'agit de renforcer ce *contrat démocratique* qui repose sur le lien entre les engagements pris lors des campagnes électorales et les actions faites une fois les personnes élues. Il peut et doit porter sur les deux temps du fonctionnement démocratique :

- D'un côté, les *engagements* devraient être déposés devant une commission non partisane (par exemple un ensemble de citoyen·ne·s tiré·e·s au sort) et rendus publics. Cette commission serait chargée de demander des précisions sur leur sens précis et les moyens de les mettre en œuvre. Elle ne serait chargée que de rendre les engagements clairs et non de les évaluer. Ceci aurait deux avantages : éviter la prolifération de candidats qui ne jouent que de leur charisme, de leur séduction et ne parlent que de façon vague ; distinguer les véritables engagements des candidats et le baratin accessoire, malheureusement souvent prépondérant.

- D'un autre côté, cette commission – ou toute autre formule dont les citoyen·ne·s seraient le pivot – ferait l'*examen annuel de l'action* des élu·e·s pour la comparer aux engagements électoraux pris. En cas de divergence, cette commission pourrait prononcer une « Question » (pour clarifier un point de doute), un « Blâme » (pour sanctionner une divergence), et même provoquer un « Référendum de destitution » ou des « Élections anticipées pour non-respect du contrat ».

Il est important que cette garantie du contrat démocratique ne soit pas faite par une instance technique ou automatique, mais par des esprits humains dans leur rôle de citoyen·ne·s. L'action politique doit parfois s'adapter à un environnement qui change. Certains engagements peuvent s'avérer caducs ou déphasés, non pas du fait d'une trahison du politique, mais du fait d'une évolution du contexte. Il faut donc la souplesse et l'intelligence d'esprits humains pour juger de ce qui est adapté.

La situation actuelle, qui favorise le mensonge électoral, n'est pas tenable. Rien ne serait pire que de laisser aller ce système qui engendre la morosité, la défiance et la colère. Cela ne ferait qu'aboutir au rejet de la démocratie et au constat qu'un régime autoritaire serait préférable. En fait, ce n'est pas la démocratie qui est en cause, mais le déficit de démocratie – l'aspect inabouti, le « semi- » de nos régimes semi-démocratiques. La réponse juste n'est pas dans le *moins* de démocratie, mais dans le *plus*. *Il faut transformer nos semi-démocraties en démocraties véritables, efficaces et fiables, avec un vrai contrat démocratique et un fonctionnement garantissant que les engagements seront tenus.*

Ceci vaut bien sûr à toutes les échelles : locales, nationales et supranationales.

Il faut transformer nos semi-démocraties en démocraties véritables, efficaces et fiables, avec un vrai *contrat démocratique* et un fonctionnement garantissant que les engagements seront tenus.

*

L'existence d'un véritable contrat démocratique implique un lien électoral clair, où l'électeur sait les engagements que les élus ont pris au moment de l'élection. Or, certains systèmes électoraux ne le permettent pas. Par exemple, où est le contrat démocratique quand la constitution d'une alliance majoritaire résulte de tractations post-électorales obscures lors desquelles les engagements électoraux sont rebattus ?

Les modes de scrutins nationaux pratiqués en Italie, en Israël, et même en Allemagne ou en Autriche, parce qu'ils reposent sur une représentation proportionnelle, donnent rarement une majorité à un seul parti. Les élections sont donc suivies de discussions visant à former des coalitions majoritaires et ces discussions aboutissent à des accords de gouvernement qui n'ont pas fait l'objet d'un examen et d'un vote par les électeurs. Parfois, pour rallier un mini-parti nécessaire à l'obtention d'une majorité, les exigences de ce mini-parti vont avoir une place démesurée (puisque peu d'électeurs s'étaient prononcés en leur faveur).

Souvent, pour accorder des violons jouant des partitions très différentes, les mélodies principales (mais paraissant incompatibles dans une alliance) vont être mises en sourdine, débouchant sur des formes horripilantes d'immobilisme puisqu'il est souvent plus facile de s'accorder pour ne rien faire que pour agir. Cet expédient peut être utile temporairement, mais quand il devient la forme principale de gouvernement, il affiche aux yeux de tous une impuissance démocratique dévastatrice. Ainsi, les tractations post-électorales pour dégager une coalition majoritaire induisent une inflation des chantages de la part des mini-partis ; elles conduisent à l'instabilité politique et aboutissent à une perte de confiance envers la démocratie. L'électrice ou l'électeur, lors du vote, ne peut pas savoir pour quel projet politique elle ou il vote, puisque ces projets seront remaniés après l'élection. En résumé, ce sont des systèmes opaques, confus et peu démocratiques.

Il est donc nécessaire de choisir un système électoral permettant à la fois de dégager une majorité et de représenter les préférences politiques des électeurs. Pour ces raisons, la plupart des systèmes électoraux accordent des sortes de primes aux partis les plus importants, selon des cuisines variées. Ici on ne donne aucun représentant aux partis obtenant moins de 5 % des suffrages. Là on fait reposer l'élection sur des circonscriptions pour lesquelles il n'y a pas une représentation équilibrée mais un seul élu, celui du parti arrivé en tête. Ailleurs encore on mélange les deux, voire on octroie 10 ou 20 % de sièges en plus au parti arrivé en tête. Etc.

Même si aucun système n'est parfait, un seul me paraît se dégager[77], à condition de le compléter, ce qui donnerait ceci :

– 50 % des élu·e·s sont élu·e·s selon la règle proportionnelle.

– Les autres 50 % d'élu·e·s sont accordé·e·s à la liste arrivée en tête.

– En cas de fracture de la coalition qui a construit cette liste, le contrat démocratique devient caduc. Une nouvelle élection doit se tenir.

---

77 Il s'agit de celui du scrutin de type « Gaston Deferre » pour les élections municipales des villes de tailles petite et moyenne (1 000 à 20 000 habitants). Cet homme politique l'a mis en place en France par la loi du 13 mars 1983 Art. L261.

Avec un tel système, les coalitions et les accords sur les programmes seraient établis *avant* l'élection. Ce sont ces programmes qui formeraient les propositions de nouveaux contrats démocratiques, soumis aux citoyen·ne·s. Il y aurait donc une vision claire au moment du vote. Le contrat démocratique reposerait alors sur les engagements de la coalition qui l'aurait emporté. Ce type de scrutin aurait le mérite de combiner une majorité claire, une représentation satisfaisante du corps électoral et un contrat démocratique clair.

Pour les élections législatives, en cas de bicamérisme (par l'existence d'un Sénat et d'une Assemblée nationale), rien n'empêche d'ailleurs d'utiliser un scrutin de ce type pour une chambre et un scrutin strictement proportionnel pour l'autre, la première ayant le pouvoir de trancher en cas de divergence.

La France a le triste avantage d'être un terrain d'expérimentation assez complet des modes de scrutin tant ils sont variés, voire baroques, ce qui permet de les comparer et d'en tirer des leçons. L'élection du Parlement européen, pour la France, est une répartition proportionnelle, à condition d'avoir plus de 5 % des suffrages ; mais comme l'élection de ce parlement combine des modes de scrutins différents selon les pays, avec des partis différents, nul ne comprend rien à ce qui se passe ensuite, et l'électorat aborde ce scrutin comme une sorte de pseudo-élection nationale. Par ailleurs, il n'y a pas de vote démocratique pour l'exécutif européen, la Commission européenne. Le scrutin législatif, quant à lui, est un vote par circonscriptions de tailles inégales, produisant des ras-de-marée étranges : avec 32 % au premier tour le parti d'Emmanuel Macron et son allié MoDem a gagné 60 % des sièges, le Front National avec 15 % des votes obtient 1,4 % des sièges, la France Insoumise avec 11 % obtient 3 % des sièges – ces résultats n'ont pas une logique claire à l'échelle nationale, alors qu'il s'agit d'un scrutin national. Quant au scrutin indirect régissant les élections sénatoriales, il conduit à une distorsion inique et il est si obscur qu'il est impossible d'établir un rapport entre un pourcentage d'électeurs et d'électrices et un pourcentage d'élu·e·s ! À l'inverse, pour les municipalités régies par le système Deferre, nul ne songe aujourd'hui à en changer, car il est clair et assez juste, même s'il faudrait améliorer la phase d'établissement des coalitions (entre deux tours) et de définition du programme de ces coalitions.

Le couplage du mode de scrutin que nous avons mis en avant et d'un contrat faisant l'objet d'engagements devant une commission de citoyens donnerait enfin une force réelle au contrat démocratique.

*

Un dernier point réclame notre attention. Pour que des partis politiques puissent élaborer sérieusement leurs programmes, il est nécessaire qu'ils en aient les moyens.

La question du financement des partis est incontournable. Au lieu d'en faire un tabou, comme si l'argent était une chose sale, il faut l'aborder en pleine lumière. Julia Cagé[78] a pleinement raison de souligner à quel point cette condition matérielle au fonctionnement et au rayonnement des partis est cruciale. Elle a aussi pleinement raison de souligner les distorsions qu'engendre le financement non régulé ou mal régulé : les riches donateurs (entreprises ou individus) pèsent bien plus que ceux qui ne peuvent rien donner, aboutissant à une forme de ploutocratie qui ne dit pas son nom (ploutocratie : régime politique où les plus riches gouvernent). Ces sources financières vont peser à la fois sur le contenu des programmes politiques et sur la puissance de la campagne électorale, distordant profondément le jeu démocratique en le mettant sous influence.

La question du financement des partis est incontournable. Au lieu d'en faire un tabou, comme si l'argent était une chose sale, il faut l'aborder en pleine lumière.

L'argent n'est pas tabou. L'argent bien utilisé est une bonne chose, parce qu'il est alors un moyen mis au service de fins qui le méritent. La question, pour la synomie démocratique, est donc la suivante : quelles règles justes doit-on suivre pour le *financement des partis politiques* ?

Quelles règles justes doit-on suivre pour le financement des partis politiques ?

La finalité démocratique étant ici essentielle, deux principes doivent être respectés :

– Les inégalités de richesses ne doivent exercer aucune influence.

Deux principes

– Les financements doivent suivre les souhaits politiques des citoyen·ne·s, en respectant leur égalité de participation à la démocratie.

---

78   Cagé (Julia) : *Le Prix de la démocratie.*

Ces deux principes conduisent à ces règles simples :

- L'État donnerait chaque année à chaque citoyen·ne une enveloppe identique de financement politique (par exemple 10 ou 12 euros).
- En pratique, chaque année, à l'occasion d'une démarche où l'État s'adresserait à nous, chacun indiquerait : 1° s'il ou elle souhaite utiliser son enveloppe de financement politique ; 2° à quel parti ou auxquels deux quels partis (répartition par moitié) verser cette enveloppe.
- Les partis n'auraient que deux sources financières : cette allocation citoyenne et les cotisations directes de leurs membres.
- Seule une personne pourrait cotiser à un parti.
- Le montant maximal de la cotisation à un parti ne devrait pas dépasser un montant accessible à presque tous (par exemple 140 euros annuel[79]). Les personnes riches ne doivent pas avoir plus d'influence sur les partis que les personnes pauvres.

Ce type de système n'a rien d'irréaliste. Certains pays consultent déjà leurs citoyens pour déterminer comment répartir le financement des cultes. On ne ferait ici qu'accorder à chacun sa part de décision dans le cadre d'une synomie démocratique.

L'enquête de Julia Cagé montre que dans les pays développés, le financement annuel du fonctionnement démocratique représente environ 4 à 7 euros par citoyen·ne[80]. On voit qu'une allocation électorale de 10 ou 12 euros est modique et réaliste, tout en permettant un travail d'élaboration politique supérieur à ce qui existe aujourd'hui.

Par comparaison, chaque Français·e dépense plus de 50 euros par an en chocolat, en moyenne : un fonctionnement démocratique de 10 euros ne vaut-il autant que notre gourmandise chocolatée ? Finalement, on s'aperçoit que la démocratie ne coûte pas cher et que rien ne s'oppose vraiment à la mise en place d'un système de financement juste et équitable — si ce n'est le pouvoir de ceux qui veulent maintenir un système biaisé qui leur profite.

---

79 140 euros représente 1 % du salaire minimum annuel net en France en 2019.

80 Budget public pour le financement des partis politiques et des campagnes électorales, par habitant adulte : France : 3,60 € ; Allemagne : 4 € ; Espagne : 5,60 €. Cf. Cagé (Julia) : *Le Prix de la démocratie*, pp. 376-9.

Aujourd'hui, le financement politique est en pleine aberration. La part du financement privé, venant de riches donateurs, d'entreprises ou de consortiums d'influence, est devenue déterminante. Si vous êtes riches ou si vous dirigez une entreprise d'une certaine taille, alors n'hésitez pas à investir dans le financement politique pour obtenir les lois qui vous avantageront et conforteront votre richesse : cet investissement est très rentable. Vous pouvez même jouer gagnant à tous les coups en finançant en même temps tous les partis qui peuvent l'emporter. Comme le montre le livre de J. Cagé, *Le Prix de la démocratie* (2018), ce type d'action est aujourd'hui massif et influence fortement le contenu des décisions politiques, car qui détient les cordons de la bourse détient le pouvoir.

Du fait d'un financement très orienté et biaisé, nos démocraties sont *sous influence*. Elles ont complètement déraillé. Ce qui les guide n'est pas le contrat démocratique avec l'électorat, mais le contrat de financement implicite scellé par les dons privés des personnes riches et des entreprises. Voici quelques exemples :

À cause d'un financement très orienté et biaisé, nos démocraties sont sous influence.

– En Allemagne, trouvez-vous normal qu'entre 2000 et 2015, Volkswagen ait versé plus de 1,8 million d'euros aux partis politiques (sauf aux Verts), BMW plus de 3,7, Daimler plus de 7,2 ? Dans ce même pays, trouvez-vous normal que le fabricant de cigarettes Philip Morris ait déversé 900 000 € de 2001 à 2015 en arrosant tous les grands partis politiques ? Comment ne pas faire de rapprochement avec le soutien actif du gouvernement allemand à l'industrie automobile et la faible politique de lutte contre le tabagisme ? On pourrait aussi parler des financements généreux de la Deutsche Bank et de la Commerzbank, suspectées de blanchiment d'argent ou d'évasion fiscale. Ces banques, qui ont des endettements préoccupants et qui procèdent à des suppressions d'emplois, n'en maintiennent pas moins leurs financements aux partis politiques. Comment ne pas y voir une façon d'influencer les règles du jeu financières ?[81]

– En France, trouvez-vous normal que l'État déduise de l'impôt sur le revenu 66 % des dons versés aux partis politiques ? Ceci veut dire qu'une personne non imposable (la moitié la moins riche de la population adulte) n'a aucun remboursement, tandis que ceux qui ont versé 7 500 € – le plafond légal – ont récupéré 5 000 €.

---

81   Cagé (Julia) : *Le Prix de la démocratie*, pp. 60-1.

En somme, l'État français subventionne les choix politiques des riches, alors même qu'ils et elles sont déjà très fortement surreprésentés parmi les donateurs et donatrices ! On aboutit à ce que les 10 % les plus riches versent plus de la moitié du total des dons et cotisations. Les 1 % des très riches en versent à eux seuls un quart.[82]

— Au Royaume-Uni, trouvez-vous normal que Patrick H. Gregory ait versé 1 million de livres, que Michael Davis ait versé 508 000 livres et David E. D. Brownhow 566 000 livres au Parti Conservateur en 2017 ? Quel rapport voir avec le fait que M. Davis est devenu président de ce parti et D. Brownshow vice-président en charge des campagnes ?[83]

— Aux États-Unis, trouvez-vous normal que les frères Charles et David Koch, huitièmes fortunes mondiales, aient dépensé en 2012 110 millions de dollars en faveur du Parti Républicain ? Trouvez-vous normal que Robert Mercer, autre très grande fortune, ait donné des millions de dollars aux politiciens les plus conservateurs, ait financé les climatosceptiques, les groupes contre l'interruption volontaire de grossesse, sans parler du ciblage électoral illégal de ses sociétés Cambridge Analytica et AggregateIQ, qui se sont illustrées dans la campagne du Brexit et dans l'élection de Donald Trump ?[84]

— En France, trouvez-vous normal que les 600 plus généreux donateurs du mouvement *En Marche !* soutenant la campagne d'Emmanuel Macron aient apporté à eux seuls 40 à 60 % de son budget de campagne ? Qu'en aurait-il été si ces dons n'étaient pas limités à 7 500 € par personne ? Comment ne pas établir un rapprochement entre les choix politiques (suppression de l'Impôt de Solidarité sur la Fortune, etc.) et la facilité pour recueillir ces contributions de riches donateurs ? À l'inverse, quelle chance aurait eu un candidat en faveur d'une plus forte imposition des riches de recueillir de tels dons ?[85]

---

82 *Ibid.*, pp. 69-73 et p. 98.
83 *Ibid.*, p. 60.
84 *Ibid.*, Chapitre 7.
85 *Ibid.*, p. 68.

Ces exemples – parmi bien d'autres – montrent comment nos démocraties sont sous influence, c'est-à-dire se perdent en glissant vers des ploutocraties où l'argent n'achète pas le vote, à strictement parler, mais l'influence de façon très efficace, puisque cet argent permet d'accroître sa visibilité et d'utiliser des outils onéreux mais efficaces. En étudiant les élections législatives et municipales françaises de 1993 à 2014, Julia Cagé et Yasmine Bekkouche ont montré la corrélation qui existe entre le budget de campagne et le nombre de voies obtenues. En moyenne, pour les législatives, 6 euros de plus de budget apportent une voix de plus[86]. Globalement, l'argent exerce une influence indéniable sur les élections, ce qui veut dire que ceux qui le détiennent peuvent exercer une influence déterminante si la loi le tolère.

Heureusement, il n'y a aucune fatalité et il existe des remèdes simples, justes et réalistes, que j'ai exposés ci-dessus. Nul besoin d'intenses cogitations pour les inventer. J'ai simplement combiné quelques règles démocratiques de base (égalité de chacun dans le financement), comme Julia Cagé l'a fait aussi, et nous aboutissons directement à la même idée, celle qu'elle appelle le système des « Bons pour l'Égalité Démocratique ».[87]

Il n'y a donc aucune fatalité. On peut passer d'une démocratie pervertie à une démocratie fonctionnant en synomie. La chose, simple et sûre, est à portée de main.

On peut passer d'une démocratie pervertie à une démocratie fonctionnant en synomie.

*

Les différentes facettes du fonctionnement démocratique que nous venons d'aborder auraient, combinées, des effets majeurs sur le long terme. D'un côté la culture politique des hommes et des femmes politiques s'ancrerait davantage dans le réel et moins dans le marquetage communicationnel, les tractations occultes et l'influence des sources financières. D'un autre, la culture politique des citoyen·ne·s renouerait avec la confiance et avec la réflexion suivie, par une délibération sur le soutien annuel aux partis et sur les contrats démocratiques proposés lors des élections. En établissant un meilleur couplage entre les discours et les actes, cela responsabiliserait les un·e·s comme les autres. Peut-être en

---

86 *Ibid.*, pp. 304-312.
87 *Ibid.*, pp. 376-9.

finirions-nous avec cette gangrène de l'irresponsabilité politique, tant chez ceux que nous élisons qu'en nous-mêmes. C'est une question de synomie. Il s'agit, ni plus, ni moins, de faire vivre l'autonomie de la personne commune, ce qui est précisément le sens du mot « démocratie » : la décision du *démos* par lui-même, pour lui-même.

Nous avons commencé par ce problème de contrat démocratique parce qu'il nous paraît crucial : il est le levier de la décision collective, donc un moyen de peser sur les autres formes de mensonges. *Le système politique en tant que système paraît abstrait ; il intéresse peu le plus grand nombre. Cela est bien dommage, car il est un levier puissant pour actionner les autres leviers, ce qui en fait un enjeu crucial.*

Le système politique en tant que système paraît abstrait. Il intéresse peu le plus grand nombre. Cela est bien dommage, car il est un levier puissant pour actionner les autres leviers, ce qui en fait un enjeu crucial.

12
L'intoxication publicitaire

Peut-être serez-vous surpris que j'aborde ici la *publicité* comme seconde forme de mensonge. Elle est tellement entrée dans les mœurs que sa présence paraît normale. Pourtant, songez-y, *la publicité est un rapport au monde faussé, un art du faux*. Peu importe l'affabulation pourvu qu'on vende. Peu importe le mensonge pourvu qu'on influence. *La publicité est une perversion de notre rapport au monde.*

Le corps social semble peu à peu oublier le questionnement des années 1960-1980, même si les discours et les actions critiques sont encore aujourd'hui bien vivants. Pourtant, le problème est plus aigu aujourd'hui qu'hier à cause de la prolifération publicitaire. L'invasion des publicités pose une évidente question puisqu'il s'agit d'un procédé dont le seul but est de nous *influencer* pour déclencher un achat[88]. Dans cette lutte d'influence, peu importe les mensonges et peu importe le respect de l'autonomie et de la synomie. L'essentiel est de capter l'attention et de donner envie. Il en résulte une pression multiple, presque continuelle. Au cours d'une journée, si vous avez marché dans la rue, consulté internet, lu un magazine, ouvert votre boîte aux lettres ou regardé la télévision, vous avez probablement été la cible d'une centaine de publicités.

> **La *publicité* est un rapport au monde faussé, un art du faux.**
>
> **La publicité est une perversion de notre rapport au monde.**
>
> **Il en résulte une *pression* multiple, presque continuelle.**

---

88   Je me focalise ici sur la publicité au sens courant du terme, avec sa visée commerciale. Les messages d'information de santé publique, de sécurité routière, de gestes écocitoyens, etc., en ce sens, ne sont pas de la publicité même s'ils peuvent emprunter des canaux de diffusion identiques. Leurs buts et leur sens les rendent foncièrement différents. Je n'utilise donc pas le mot dans son sens étymologique, ou classique, mettant en avant l'idée générale de « rendre publique », car ce sens n'est pas le plus répandu.

Pourtant, l'envahissement publicitaire est une histoire récente. Les panneaux publics et les affichages s'installent au début du XXe siècle. Le phénomène de masse vient avec la télévision dans les années 1960. Ses formes se sont ramifiées et diffusées : les affiches maculent les villes ; certains magazines sont constitués majoritairement de publicités ; internet en est truffé ; la politique est devenue un exercice publicitaire ; et même les institutions les plus sages, comme les universités, s'obsèdent de leur image et de leur rayonnement publicitaire. La publicité incruste presque partout ces fausses couleurs, ces corps retouchés et ses slogans simplistes.

En fait, pendant l'essentiel de son histoire, l'humanité a vécu dans un monde où les images étaient rares et où la relation commerciale n'occupait qu'une très petite fraction du temps. Nous regardions davantage les choses et les personnes que leurs images enjolivées. Il ne s'agit pas ici d'être nostalgiques, mais d'avoir conscience qu'un monde sans publicité, ou avec une faible présence de la publicité, est une option tout à fait possible et envisageable.

Un monde avec peu de publicité est une option tout à fait possible et envisageable.

Elle est même déjà proposée pour certaines de ces formes. Une étude menée en France par l'Agence de l'Environnement et de la Maîtrise de l'Énergie (ADEME) en 1999 avait constaté que les Français recevaient chaque année 992 000 tonnes de prospectus publicitaires dans leurs boîtes aux lettres. En réaction, il a été proposé à ceux qui le souhaitaient de coller sur leur boîte aux lettres un autocollant « Stop pub ». En 2015, environ 18 % des Français l'avaient fait et 14 % d'autres se déclaraient favorables. Le mouvement s'est poursuivi. L'envahissement publicitaire n'est donc pas une fatalité.

Plusieurs raisons de fond plaident en faveur d'une action vigoureuse pour impulser une forte décrue sous toutes ses formes. Elles sont bien connues, mais il faut les rappeler.

La première est éthique. *La publicité écrase l'autonomie.* Primo, en utilisant des moyens très efficaces de capter notre attention, elle s'impose à nous. Secundo, elle nous donne un message biaisé : elle ne nous informe pas de façon équilibrée, en avançant l'utilité, les points forts et les points faibles, mais ne vise qu'à nous persuader – son intention est donc malhonnête dans son principe. Tertio, comme elle vise le comportement et l'action d'achat, elle tend à écraser la réflexion pour

La publicité écrase l'autonomie.

favoriser l'impulsion ou la compulsion. *La publicité est donc une manipulation mentale, dont la violence n'est masquée que par sa banalité et sa séduction.* Imaginez que chaque publicité soit portée par une personne qui vous aborderait directement pour vous persuader. À chaque changement de rue, vous seriez importuné·e par des hommes et de femmes qui vous prendraient par l'épaule, vous caresseraient, vous susurreraient dans l'oreille leurs mille messages formatés. Dans votre voiture, ces passagers bavards et séducteurs vous saouleraient de leurs voix au point de rendre votre conduite difficile. Chez vous, dès que vous consulteriez internet, vous feriez entrer une foule d'inconnu·e·s têtu·e·s et pérorant·e·s, vous donnant l'impression de s'intéresser à vous mais ne vous entendant jamais. *La publicité, en accrochant votre temps de cerveau, y compris quand vous n'avez rien demandé, ne respecte pas les consciences. Elle n'a ni tact ni capacité d'écoute. Elle est pure intrusion.*

La seconde est, elle aussi, éthique. La même saynète qui nous a fait comprendre qu'elle ne respectait pas l'autonomie, en particulier l'espace privé et le for intérieur, nous fait comprendre qu'elle ne respecte pas plus l'*espace public*, l'espace commun. La publicité est contraire à la synomie. Elle vous capte ; elle piège votre individualité dans une mise-en-commun foncièrement biaisée où le concepteur est le seul maître à bord. On ne dialogue pas – pour l'instant en tout cas – avec une publicité : on la reçoit ou on lui tourne le dos, et pendant ce temps-là votre esprit s'est détourné du rapport plus direct au monde et aux autres ; votre esprit s'est détourné de l'intention qui l'animait en propre.

La troisième est, encore une fois, éthique. *La publicité montre un monde à la fois séduisant, stéréotypé, impulsif et individuel.* Séduisant : elle occulte les conditions de production du produit, ses qualités réelles, son utilité. *Stéréotypé* : elle abuse des beaux hommes, des jolies femmes, des charmants bambins, des maisons proprettes, des clichés sur la ménagère avide de propreté et sur le mâle fasciné de mécanique vrombissante, etc. *Impulsif* : elle n'argumente pas, elle n'articule pas une réflexion ; elle préfère procéder pas suggestion, association d'idées, amalgame. *Individuel* : elle ne vous montre qu'une bulle fictive, ridiculement restreinte autour d'un personnage central, sans se soucier de contexte, de temporalité, de relations à la communauté humaine. *Elle vous montre un monde miniature et simplet et, par la répétition de cette* vision, elle tend à vous faire prendre cette bulle pour la norme du monde[89]. Elle charrie ainsi avec elle une distorsion ayant des effets politiques parce que son procédé individualise et relègue hors champ le gris et le noir du monde : le coût des achats inutiles, la frustration de ne pas vivre dans cette bulle merveilleuse et niaise, le gaspillage auquel elle incite, etc. Même si son intention se borne à l'achat, son effet est comportemental et psychologique, et sa *monomanie consommatoire* contient une pression politique en faveur de la société de consommation. En ce sens, à travers ses formes variées – mais toutes obsédées de produits idolâtrés, de compulsion d'achat, de relation commerciale et de narcissisme – elle est le véhicule d'une indéniable forme de pensée unique. Elle nous détourne de regarder les choses avec distance, de prendre le temps de réfléchir avant d'agir, de penser la relation aux autres dans sa profondeur humaine intrinsèque, et de dialoguer avec nos désirs sans être piégés par eux.

En un mot : par son seul matraquage répétitif, elle tend à persuader nos esprits que le modèle de comportement normal est le modèle de la consommation, de l'influence et du lucratif. *Elle est un triple mensonge. Nous n'avons pas à consommer le monde ou les autres, mais à vivre dans le monde avec les autres. Nous n'avons pas à influencer autrui, mais à le côtoyer et si possible à dialoguer. Nous n'avons pas à acheter et à vendre des choses, ou à nous vendre et à acheter les autres ; nous avons à vivre et à cultiver ce qui nous tient véritablement à cœur et qui se trouve ailleurs que dans la valeur marchande : l'honnêteté, la confiance, le bonheur, la beauté, la liberté, etc.*

Enfin, la quatrième raison pour laquelle la publicité me paraît une facette importante de la société du mensonge est une nouvelle fois éthique, mais un peu plus sophistiquée. Elle porte sur ce que les économistes appellent un *modèle biface*. Dans un modèle économique classique, on vous vend un produit ou un service et vous l'achetez. La valeur économique transite entre ces deux acteurs d'une façon claire et directe. Dans un modèle économique biface, on vous propose un bien ou un service gratuit – la face claire – et le fournisseur se rémunère en

La publicité vous montre un monde miniature et simplet. Par la répétition de cette vision, elle tend à vous faire prendre cette bulle pour la norme du monde

La publicité est un triple mensonge. Nous n'avons pas à consommer le monde ou les autres, mais à vivre dans le monde avec les autres. Nous n'avons pas à influencer autrui, mais à le côtoyer et à dialoguer. Nous n'avons pas à acheter et à vendre des choses, à nous vendre et à acheter les autres ; nous avons à cultiver ce qui n'est pas dans la valeur marchande : l'honnêteté, la confiance, le bonheur, la beauté, la liberté, etc.

Le modèle biface

---

[89] « La publicité mystifie les consciences en mythifiant les marchandises pour leur donner une aura sans laquelle elles apparaîtraient telles quelles, ternes et industrielles. » Groupe Marcuse : *De la misère humaine en milieu publicitaire*, La Découverte, 2004, p. 87.

vendant à un autre acteur économique votre utilisation de ce bien ou de ce service – la face obscure. Par exemple, quand vous lisez un journal gratuit ou que vous regardez une télévision privée, vous êtes mis en présence de publicités par lesquels le fournisseur du journal se rémunère. En fait, en termes économiques, le contenu du journal n'est là que comme appât permettant de vendre l'attention du lecteur que vous êtes. Autrement dit : vous êtes le produit. De même, les grands acteurs d'internet (réseaux sociaux du type Facebook, moteur de recherche du type Google, etc.) fonctionnent sur ce type de modèle économique : vos données personnelles, votre comportement sur internet sont ce qu'ils vendent à des acheteurs que vous ne connaissez pas. La face claire – le service proposé – n'est que l'appât pour vous moissonner et revendre des parcelles de vous. De fait, le service n'est pas gratuit : votre usage de ce service est la valeur qui sera revendue. Autrement dit, le fournisseur exploite économiquement votre usage. Chacun connaît désormais ce slogan d'autodéfense intellectuelle : « Quand c'est gratuit, c'est toi le produit. »

Ce modèle biface pose un double problème éthique de mensonge. Le premier est ce qu'on peut appeler le *biais d'attraction*. Le service qu'on vous propose n'est pas conçu pour son utilité pour vous, mais surtout pour maximiser l'utilité qu'il peut avoir pour le fournisseur dans ce qu'il va vendre de votre utilisation. Le service est d'abord orienté vers l'acheteur de données avant d'être orienté vers l'utilisateur. Il peut donc être biaisé. Alors que pour vous il n'est qu'un outil, parfois très bien fait, il est aussi un outil dont l'intention intrinsèque est ailleurs. D'où par exemple, des procédures pour vampiriser votre carnet d'adresses de courriel, pour vous obliger à donner certaines informations, pour vous faire perdre du temps, ou pour rendre compliqué de quitter complètement le service. Le second est la *fonction occulte*. L'utilisateur du service n'a presque aucune connaissance de l'autre face du modèle biface. Il est tenu dans l'ignorance de ce qu'on vend de son usage, des sommes en jeu, des répercussions en termes de publicité ciblée qu'il subira ensuite, de communication d'informations à des entités diverses (entreprises commerciales, sociétés d'influence, États, agences électorales, renseignements militaires, etc.). Il n'a aucune connaissance non plus des choix que peut faire le fournisseur envers les entreprises commerciales qui dépendent de lui et qui sont associées dans son offre de service (comment sont sélectionnées les « applis », etc.). Pour ces deux raisons, nous sommes en face de mensonge *par distorsion* et de mensonge *par omission*.

Ce problème éthique conduit à distinguer les services internet vraiment gratuits, appelés « gratuiciels », les services se rémunérant par les publicités incrustées – appelés « publiciels » (*pubware*) – et ces services se finançant sur une face obscure – qu'on pourrait appeler « bifaciels » (*bifaceware*) ou « darkciels » (*darkware*). La véritable gratuité, avec son aspect désintéressé et transparent, se trouve du côté de Wikipedia ou des multiples services proposés par framasoft.org. Ces fournisseurs de services tiennent à ne pas être confondus avec les forces obscures d'internet. Au passage, ils font la démonstration que la véritable gratuité est possible, qu'elle est extraordinairement utile, et qu'elle nous ôte bien des soucis[90].

Heureusement, tous ces problèmes ont des solutions à portée de main, assez simples et tout à fait faisables.

Il faut contrer à la fois l'irrespect intrusif de la publicité, sa capacité d'hameçonnage et son envahissement de l'espace public. Les moyens sont assez évidents :

- Pour l'affichage dans les lieux publics, il suffirait de restreindre la taille des affiches au format A1 (59,4 x 84,1 cm) ou 50 x 70 cm comme le réclame l'association des Déboulonneurs. À ces dimensions, l'affiche ne s'impose plus à vous et cesse d'être intrusive ; elle ne porte plus atteinte à votre autonomie en faisant pression sur vous.
- Toujours pour l'affichage public, l'image animée est à proscrire, car, immanquablement, elle capte l'œil de façon réflexe. Il s'agit clairement d'une manipulation cognitive (doublée d'un gaspillage énergétique).

---

90 Au passage, je signale au lecteur que ce texte a été rédigé sur un ordinateur fonctionnant avec le système Ubuntu (logiciel libre) et grâce au traitement de texte de LibreOffice (logiciel libre). Par ailleurs, j'utilise intensément les services Framasoft et régulièrement Wikipedia. Je fais des dons réguliers à LibreOffice (Association La Mouette), à Wikipedia et à Framasoft, qui le méritent bien. Cerise sur le gâteau : ces services permettent d'utiliser plus longtemps le même ordinateur ; ils sont plus robustes et moins gourmands en énergie.

- Concernant tout ce qui passe par internet, la mesure de respect élémentaire consisterait à exiger l'accord préalable de l'usager pour autoriser la publicité et à rendre obligatoire la possibilité d'accéder au service sans publicité (pour éviter de se retrouver dans du consentement contraint). Il s'agit donc d'inverser la situation actuelle, où l'usager doit de lui-même ajouter un logiciel bloqueur de publicité, usager qui se retrouve parfois confronté à des services qui refusent l'accès si vous utilisez un bloqueur de publicités ou de *cookies*.

Pour remédier à l'effet de distorsion du réel et à l'aspect séducteur, stéréotypique, impulsif et individualiste de la publicité commerciale, il existe plusieurs options possibles, dont celle-ci :

- Chaque publicité commerciale devrait comprendre automatiquement la mise à disposition d'un espace ou d'un temps équivalent par lequel des messages d'utilité publique (ou culturels) seraient diffusés. Ces messages seraient choisis et fournis par une Agence dédiée, supervisée par un groupe de citoyen·ne·s tiré·e·s au sort afin d'éviter toute instrumentalisation partisane. Cette procédure concernerait à la fois l'affichage public, la publicité dans les médias classiques (magazines, journaux), la publicité sur internet, etc. Ces messages d'utilité publique pourraient concerner l'environnement, la prévention des violences, l'information sur les droits, l'information culturelle ou tout ce qui serait jugé bien venu dans la discussion d'une collectivité humaine avec elle-même (y compris, pourquoi pas, de la poésie).

En contrebalançant l'effet mensonger, individualiste et mercantile de la publicité par la présence équivalente de messages d'intérêt public, on laisse la porte ouverte à l'intérêt économique tout en évitant le déséquilibre et l'envahissement. On éviterait les effets de dissynomie et de bulle de la domination publicitaire. On rétablirait dans son importance la communication non biaisée, démocratique et désintéressée : l'information synomique.

Aujourd'hui, à quoi sert une campagne d'information sur la bonne alimentation ou sur la sécurité routière quand, en face d'elle, existe une masse *disproportionnée* de messages publicitaires aux effets inverses ? Il faut passer du déséquilibre à l'équilibre.

Enfin, concernant le problème du modèle biface, trois propositions peuvent être faites :

- Il serait juste de faire apparaître en pleine lumière la face sombre. Il est insupportable et malsain que l'usager ne sache rien de l'exploitation qui est faite de son usage : à qui sont vendues ses données, combien elles rapportent, quels effets cela a sur lui par la suite en tant que cible de commerçage (*marketing*). Les « Conditions générales d'utilisation » sont aujourd'hui souvent incompréhensibles et ne donnent pas accès à une claire vision de la face obscure. Au passage, cela permettrait aussi une fiscalité plus juste.

- Le biais d'attraction, qui oriente le fonctionnement du service pour qu'il soit plus rémunérateur sur la face sombre, doit être encadré. La captation du carnet d'adresses, l'appropriation des documents et informations, l'orientation biaisée du service et toutes les choses de ce genre doivent être l'objet d'une attention réglementaire pour que l'usager ne soit pas un pigeon ou une ressource abusivement exploitée.

- La puissance publique devrait investir dans le mouvement du logiciel libre et du gratuiciel. Au vu de son utilité publique, les sommes à mobiliser sont d'ailleurs ridicules. Le mouvement du logiciel libre montre à l'évidence que pour toute une série de services fondamentaux on peut faire aussi bien – si ce n'est mieux – que les versions privées. Le bénéfice pour l'usager est double : un service « propre », dont le fonctionnement n'est pas biaisé, la diminution des soucis et inquiétudes liés à l'occulte de la face cachée, et la disponibilité des logiciels et des services dans le temps long.

Une telle politique de la régulation publicitaire ne changerait pas simplement tel ou tel usage. Elle permettrait de retrouver un rapport au monde moins biaisé et plus respectueux de tous. Elle permettrait de réduire à une dimension plus acceptable le mensonge commercial et son jeu d'influence. Elle nous désintoxiquerait d'une addiction comportementale à la consommation et nous permettrait de mieux cultiver par nous-mêmes notre comportement.

13
Le tissu de sens
(Culture et information)

En fait, la publicité n'est qu'un aspect de la question plus vaste de l'information, de la façon dont elle se crée et dont elle circule. Par « information », il ne s'agit pas seulement ici de ce qui est appelé comme tel dans les journaux[91], mais de tout le tissu de sens qui est en nous et entre nous, ce qu'on appelle aussi « culture » au sens large. L'information, c'est le monde sémantique, tout ce qui a une signification. C'est à la fois le succès sportif et la décision gouvernementale, la douleur du corps et la publicité, la disparition d'une espèce végétale et la fausse rumeur, le compte bancaire dissimulé et les potins d'une vidéo sur internet, la sonde martienne et l'apparition d'une nouvelle coutume, un traité de philosophie et la notice d'un médicament, le trait d'humour et le dessin d'un enfant – tout un tissu de sens aussi disparate que riche.

On entend dire que, grâce à la télévision et à internet, nous vivons à l'Âge de l'Information. Force est de constater plutôt que cet âge ne fait circuler qu'une petite partie de l'information et que cette circulation est

> **Nous appellerons « information » tout le *tissu de sens* qui est en nous et entre nous, ce qu'on appelle aussi « culture » au sens large. L'information, c'est le monde sémantique, tout ce qui a une signification.**

---

91   Au sujet des organes d'information, nous conseillons la lecture de cet ouvrage : Cagé (Julia) : *Sauver les médias*.

L'autrice a raison de souligner qu'une entreprise d'information n'est pas d'abord une *entreprise* mais un but – l'*information* – but qui relève du bien commun. La question doit donc être abordée avec un souci de synomie et de considération du « nous ». Le modèle économique est donc crucial pour que le but ne soit pas perdu de vue ou dévoyé par des influences financières. Le modèle économique qu'elle propose est une perspective intéressante, qu'on pourrait associer à un ensemble de sécurisations des journalistes pour faciliter leur indépendance.

loin d'être adéquate. Le monde du sens, du sémantique, excède très largement le monde du « numérique ».

La question cruciale est celle du partage de ce tissu de sens et de la façon dont cela tisse le monde commun.

À cet égard, on peut tenter cette *petite typologie du partage de l'information* :

- L'*envahissant* est un tissu de sens bien plus présent qu'il ne le devrait ; cela peut être dû au fait d'une apparence particulièrement marquante (une photo saisissante, par exemple), à un effet de résonance avec ce qu'elle évoque en nous, ou au fait que quelqu'un paie pour la faire circuler (publicité, propagande, enfumage...).
- Le *partagé* est un tissu de sens existant et circulant ; c'est le grand bain, plein de remous, de la culture dans sa circulation ordinaire.
- Le *secret* est un tissu de sens existant, mais caché, c'est-à-dire retenu dans un accès réservé. Il se subdivise en deux pans. D'un côté, le *secret intime* est lié à la préservation de l'intimité (la pudeur, l'espace privé, la complicité étroite entre deux personnes, etc.). D'un autre, le *secret honteux* est dû à l'inavouable (la méchanceté, la tromperie, le compte bancaire au Luxembourg, etc.).
- L'*ombre* est un tissu de sens existant et disponible, mais qui ne circule pas parce qu'il n'est pas sous l'éclairage de l'attention ; ce qui est dans l'ombre est bien là, accessible, sans écran, mais inapparent ; cette immense part d'ombre dans l'information peut être due à un biais d'éclairage, à un désintérêt, ou à la nécessité d'une formation particulière pour en saisir le sens et la portée. L'ombre peut aussi bien concerner un pan peu reluisant de l'histoire, qu'un sens qui n'a d'intérêt que pour un groupe restreint (une poésie, un programme informatique, une blague désuète, une réglementation, etc.). La part d'ombre n'est donc pas la même pour chacun. La somme de toutes ces parts d'ombre dessine la carte de l'intensité ou du délaissement dans le tissu d'informations.
- L'*horizon*, enfin, est le tissu de sens qui n'existe pas, mais qui pourrait ou pourra exister. Lorsqu'on sait qu'on ne sait pas (ce

Petite typologie du partage de l'information

1° L'envahissant

2° Le partagé

3° Le secret intime

4° Le secret honteux

5° L'ombre

6° L'horizon

qu'on appelle « la recherche »), lorsqu'on pense qu'on pourrait créer (ce qu'on appelle « l'art »), lorsqu'on pressent ce qui pourrait se passer (ce qu'on appelle l'« histoire à venir »), on suppute un tissu de sens au seuil de l'apparition.

Comme on le devine, les enjeux liés à l'information sont multiples : régulation de l'envahissant, préservation de l'intimité, levée des secrets délétères, prise de conscience en faisant reculer l'ombre, promotion de la recherche et de la création pour repousser l'horizon, etc.

> **Les enjeux liés à l'information sont multiples : régulation de l'envahissant, préservation de l'intimité, levée des secrets délétères, éclairage de l'ombre, recherche et création pour repousser l'horizon, etc.**

Ces enjeux sont d'autant plus importants que l'information joue un rôle pivot pour l'action. Celui ou celle qui ne comprend rien ne fait rien d'avisé. Celui ou celle qui a mal compris ou a été induit en erreur agit de façon déplacée. Celui ou celle qui sait poser des questions pertinentes et porter l'attention sur ce qui était resté à tort dans l'ombre facilite l'action juste, etc. Les questions de partage de l'information sont donc intrinsèquement présentes dans l'éthique de nos vies, nous poussant à nous poser cette question : qu'est-ce qui vaut que cette information circule ? Pour être plus précis, cette question éthique doit être même développée : *qu'est-ce qui vaut que cette information circule ? Avec qui peut-elle être partagée ? Avec qui doit-elle être partagée ? Pourquoi la partager ou en freiner, voire en interdire tel partage ?*

> **Questions éthiques : Qu'est-ce qui vaut que cette information circule ? Avec qui peut-elle être partagée ? Avec qui doit-elle être partagée ? Pourquoi la partager ou en freiner, voire en interdire le partage ?**

Comme on peut en juger, cette interrogation conduit à l'élaboration de bons usages, de règles, de moyens, c'est-à-dire à des pans entiers des coutumes, du droit, de l'économie et de l'éducation.

On sent aujourd'hui que nous vivons dans un certain chaos, qui heurte régulièrement les règles communes de notre éthique. Pourquoi laisse-t-on se répandre autant de fausses nouvelles ? Comment utiliser correctement son compte sur un réseau social ? Qu'est-ce que le respect de la vie privée ? Pourquoi laisse-t-on proliférer dans l'opacité tout un cloaque de circulation d'argent sale ? Comment réagir efficacement à des formes multiples de harcèlement, d'usurpation d'identité, de démarchage, de diffamation, etc. ? Que devons-nous apprendre à nos enfants pour qu'ils puissent avoir un bon usage du partage d'information et qu'ils en respectent les bonnes règles pour le respect de tous ? Etc.

Je ne vais faire ici qu'effleurer quelques aspects très partiels de cette foule de questions qui dépassent de loin mes compétences.

Le problème de l'envahissement

L'*envahissant* constitue un problème assez redoutable, car, sous le couvert d'une information qui circule librement et dans la transparence, on encombre souvent l'espace avec des informations qui ne le méritent pas ; parfois on le fait même pour recouvrir des informations plus pertinentes. Au-delà de la publicité, nous sommes par exemple confronté·e·s à l'intrusion répétée du démarchage par téléphone. Combien de personnes décrochent-elles deux ou trois fois par jour, pensant à un appel important, pour subir la glu du démarchage, même quand elles ont fait les démarches spécifiant que leur numéro ne devait pas faire l'objet de tractations commerciales de fichiers ? Le téléphone fixe s'en trouve asphyxié. Beaucoup souffrent de cette perte de temps et de l'agacement à répéter son refus – poliment.

Dans un tout autre champ, l'envahissant est l'objet de techniques de communication politique sophistiquées et presque systématiques. Comment ne pas parler des avalanches de « tweets » du Président Donald Trump ?[92] Il en a lancés jusqu'à 271 par semaine... Leur tonalité éruptive, agressive et provocatrice est un exemple caricatural de l'envahissement par le « *buzz* ». La moitié d'entre eux sont des attaques, ce qui capte l'intérêt. Une bonne part de ces tweets relève aussi du mensonge ou de l'affabulation (en anglais : *fake news*). Tout cela attire abusivement l'attention, comme s'il avait érigé en principe l'ivresse narcissique de rester au centre des regards, y compris en faisant n'importe quoi.

Dans un style aussi trépident mais plus maîtrisé, la présidence de Nicolas Sarkozy avait érigé en principe la maîtrise des horloges et l'occupation permanente de l'espace médiatique : un sujet en chassait un autre, dans un tourbillon perpétuel permettant de masquer le vide, l'inconsistance, ou les sujets impopulaires – technique de détournement de l'attention.

---

92 Le *New York Times* a étudié les 11 000 tweets envoyés par Donald Trump du 20 janvier 2017 au 30 oct. 2019. M. Shear, M. Haberman, N. Confessore, K. Yoruish, L. Buchanan and K. Collins : « How Trump Reshaped the Presidency in Over 11,000 Tweets ».

La présidence d'Emmanuel Macron a été assez créatrice en matière de technique d'envahissement, avec les concertations bidon et les débats-shows. Alors que l'essentiel est décidé, on mobilise les acteurs pour donner l'apparence d'un dialogue. On multiplie des rencontres qui ne sont que des simulacres, comme l'a montré la préparation de la loi Travail 2[93]. La meilleure preuve en est le verrouillage de l'information dans ces phases, où personne n'a accès aux véritables projets ministériels. Pour masquer cette caricature de dialogue, on compense le défaut de qualité par un excès de quantité : des dizaines de réunions, des centaines d'heures de sourires de façade. Tout cela n'a qu'un seul but : pouvoir dire, lorsque les décisions sont rendues publiques, qu'elles sont issues d'une « concertation » longue et approfondie. Mais, en vérité, il n'y a eu ni négociation ni même *concertation*. Les mots ont en effet un sens ; voici ce que dit le *Petit Larousse* :

> CONCERTATION n. f. Action de se concerter.
>
> CONCERTER v. t. Préparer en commun l'exécution d'un dessein [...]
> ◊ SE CONCERTER v. pr. Se mettre d'accord pour agir ensemble.

Avec un gouvernement qui garde ses projets pour lui, il n'est pas question de « préparer en commun ». De plus, comme au final il décide seul sans tenir compte des propositions des autres, il n'y a pas « d'accord », et il est encore moins question d'« agir ensemble ». Tout cela n'est donc pas de la concertation.

En lieu et place, nous avons un *enfumage* : on noie l'espace d'information dans un nuage de fumée. La stratégie est délibérée. Elle donne deux avantages : occuper le temps et recouvrir la vérité des intentions (fermeture et absence d'écoute) par une image inverse (ouverture et discussion) qui n'est qu'un trompe-l'œil. L'effet final est toutefois désastreux, car les partenaires pigeonnés par ce pseudo-dialogue ne peuvent qu'en ressortir écœurés. Ils comprennent après-coup qu'ils ont été instrumentalisés et méprisés. La dissynomie est massive puisqu'on porte ainsi atteinte à la substance même d'un « nous », celui des partenaires sociaux, et du « nous » du corps social. Le mensonge,

---

93 Réforme du code du travail français, dite loi Travail 2, pilotée par Muriel Pénicaud (Ministre du Travail), Edouard Philippe (Premier Ministre) et Emmanuel Macron (Président) adoptée en août 2017 (ratification des ordonnances par la loi du 29 mars 2018).

l'hypocrisie et l'injustice minent le « nous », car ils détruisent les liens de confiance. Politiquement, le résultat est une victoire à court terme et un désastre à long terme : le dialogue étant impossible, il ne reste que l'épreuve de force et le conflit pour être entendu par ceux qui jouent les sourds et les hypocrites.

L'affaire du « Grand Débat » – qui a occupé tout l'espace de janvier à mars 2019 en France – a relevé de la même stratégie, déclinée sous une autre forme. On annonce un « débat » où tous pourront s'exprimer. On récuse en même temps les institutions dont la mission est d'organiser un débat dans les règles de l'art (car on se doute que cela risquerait de tourner à son désavantage). De façon délibérée, on transforme la plateforme de recueil des avis en un questionnaire biaisé. On métamorphose les réunions publiques en une série de performances où le Président Emmanuel Macron déploie son talent rhétorique (et non sa capacité d'écoute). On passe à la moulinette les milliers de contributions pour les rendre peu lisibles et masquer les propositions populaires gênantes (comme le rétablissement de l'Impôt sur la Fortune et le référendum d'initiative citoyenne). Et, après des mois d'envahissement de l'espace d'information par une parole présidentielle omniprésente, on annonce finalement que ce qui ressort du « Grand Débat » est un soutien à la politique gouvernementale, alors même qu'une vague multiforme de contestation, de mécontentement et de défiance en a été la source. Le *show* a remplacé l'écoute. Le « plan com' » a remplacé le dialogue démocratique. La technique de manipulation a remplacé l'honnêteté et le devoir de discuter *vraiment*. On comprend que certains aient parlé de « Grand Blabla ».

Autre exemple, qui occupe une place pivot, l'envahissant se manifeste aussi sous une modalité particulièrement exaspérante, celle des *groupes de pression* – les *lobbies* en anglais. Un ensemble de professions se sont dévolues à ce véritable travail d'influence.

Leurs stratégies visent à pousser les décideurs à agir en leur sens, à discréditer ceux qui sont susceptibles de s'opposer à leur labeur de l'ombre, et à créer dans un public plus élargi une ambiance qui leur est favorable. Ce jeu s'exerce parfois en continu et sur de longues durées, permettant de placer ses pions dans les institutions (ministères, parlements, agences officielles…), de créer un tissu de liens avec des personnes clefs pour renforcer des conflits d'intérêts qui leur sont

Le « Grand Débat » d'Emmanuel Macron. Le *show* a remplacé l'écoute. Le « plan com' » a remplacé le dialogue démocratique. La technique de manipulation a remplacé l'honnêteté et le devoir de discuter *vraiment*.

Groupes de pression (lobbies)

bénéfiques, d'entretenir tout un réseau de connivence avec les relais médiatiques pour biaiser la circulation de l'information, qu'il s'agisse de journalistes « amis », de détenteurs de journaux, ou d'influenceurs sur internet. Des sommes considérables, à la hauteur des enjeux économiques, sont investies pour mener des campagnes activant à la fois des agences de communication, des cabinets de conseils, des sociétés d'avocats, etc.

Même quand tout semble perdu, le travail des groupes de pression ne cesse pas. Ils veulent alors limiter la portée des décisions défavorables ou retarder leurs mises en œuvre, voire les dévoyer.

La stratégie du « marchand de doute »

La sophistication peut être redoutable, comme l'illustre la stratégie dite du « marchand de doute ». Deux historiens des sciences américains, Naomi Oreskes et Erik M. Conway[94] ont montré, de façon très documentée, comment la création d'une fausse controverse avait permis de retarder des décisions concernant la lutte contre le tabagisme, les pluies acides, le trou dans la couche d'ozone et le changement climatique. On peut ajouter que d'autres dossiers cruciaux, comme ceux des perturbateurs endocriniens, des pesticides, des médicaments, etc., l'illustrent tout aussi bien, comme le montrent les travaux de Stéphane Horel, par exemple[95]. Lorsque les groupes de pression voient qu'ils vont perdre la bataille parce qu'il existe un consensus défavorable chez les experts (par exemple sur le rôle du tabac dans la santé, ou sur le réchauffement climatique, etc.), ils savent qu'il serait contre-productif de s'y opposer frontalement.

La stratégie du marchand de doute consiste à introduire le trouble de diverses façons : demander des études scientifiques complémentaires, laisser entendre qu'il existe encore des incertitudes, focaliser l'attention sur les aspects qui leur sont favorables, activer des autorités scientifiques chargées de contredire le consensus, financer de multiples études et ne publier que celles qui leur sont favorables (sur un grand nombre, il en existe toujours quelques-unes qui ne permettent pas de conclure), exiger des études d'impact économique sur les répercussions dans les entreprises (en négligeant l'impact économique sur les systèmes de

---

94   Oreskes (Naomi), Conway (Erik M.) : *Les Marchands de doute*.
95   Cf. les livres, bien documentés, de Stéphane Horel : *La grande Invasion, Les Médicamenteurs, Intoxication, Lobbytomie*.

santé), monter en épingle un point mineur dans une étude défavorable pour que ses véritables conclusions soient occultées, ou attaquer la réputation d'un adversaire, etc. Le marchand de doute sait qu'il ne remportera pas la bataille, mais il sait aussi qu'il peut retarder l'échéance d'une décision contraire pendant 5 ou 10 ans, voire instiller un doute durable dans l'opinion, comme on le constate aux États-Unis sur le changement climatique – en dépit de l'extraordinaire consensus scientifique international qui existe[96].

La juste régulation des secrets

Si on écoute les discours, notre époque valorise la transparence. Elle a même été l'emblème d'une transformation politique majeure puisqu'en 1986, la transformation du bloc soviétique en un pays plus ordinaire a commencé par la « glasnost » – transparence, en russe – impulsée par Mikhaïl Gorbatchev, qui voulait en finir avec les faux-semblants d'État. Un régime politique peut donc être mis à bas par le poids de ses mensonges. À l'Ouest, le paradigme de la transparence faisait aussi son chemin, du scandale du Watergate (1974 : démission du Président Richard Nixon) aux affaires contemporaines : fondation de Wikileaks (2006), révélations d'Edward Snowden (2013), Luxleaks (2014), Panama Papers (2016), Implant Files (2018), etc. Sur un tout autre pan, la sociologie étudie cette autre forme du paradigme de la transparence qu'est l'hypermédiatisation de soi dans les réseaux sociaux. Bref, sous des regards très divers, la transparence est devenue une valeur de nos sociétés.

Dans les *discours*, notre époque valorise la transparence.

À vrai dire, si on ne regarde plus les discours mais les faits, notre époque valorise aussi, de fait, l'opacité. Pensez aux « darknets », cette face cachée d'internet où la cybercriminalité peut prospérer. Pensez à l'action des « *trolls* » qui font déraper les discussions sur internet, sèment de la pure malveillance, voire contribuent au cyberharcèlement ou aux rumeurs trompeuses. Mais pensez aussi à tous ces échanges

Dans les *faits*, notre époque valorise aussi l'opacité.

---

96 Les affirmations du GIEC (Groupe d'Experts Intergouvernemental sur l'Évolution du Climat) résultent de l'accord de milliers de scientifiques concernés par la climatologie et ses impacts ; presque la totalité des climatologues s'accorde sur les différents volets des rapports, avec un consensus très fort.

économiques occultes, qui composent une part importante de l'économie mondiale, et en particulier le réseau bancaire, qui a pignon sur rue tout en entretenant de denses réseaux souterrains. Les mots de la finance sont évocateurs : secret bancaire, comptes *offshore*, société-écran, marché noir et blanchissement, etc.

On sent que le secret est un objet à double tranchant. *Quels principes devraient réguler les questions de secret pour préserver le secret intime et lutter contre le secret honteux ?*

Un premier pas peut être fait en examinant cet adage :

« Transparence de la vie publique, opacité de la vie privée ».

Il conduit à se poser deux questions :

1° La justesse de cet adage est-elle aussi évidente qu'il y paraît ?

2° Où placer la ligne entre les deux, c'est-à-dire que veut dire « vie publique » et « vie privée » ?

En fait, résonner avec cette seule distinction risque de conduire à des choix simplistes, où la vie publique devrait être en plein jour et accessible, et la vie privée préservée par le secret. Pourtant, par exemple, il serait invivable d'être constamment observé lorsqu'on se trouve dans l'espace public, et, inversement, il serait inadmissible qu'on n'intervienne pas lorsqu'une personne subit des violences dans sa vie privée. Dans ces deux exemples, on voit que le respect des personnes conduit à établir des coutumes et des règles qui ne reposent pas seulement sur la distinction entre vie privée et vie publique.

Il est plus avisé d'opter – ce que fait déjà le Droit – pour une différenciation plus fine :

– À la base, nous trouvons le « je », auquel il faut garantir la *liberté de penser*, avec l'originalité de personnalité. Le for intérieur est un domaine de souveraineté. Cette personne a le droit au secret de ses pensées, de ses préférences, de ses émotions. Nul ne doit y faire intrusion. Toutes les techniques qui se développent pour rendre cette intrusion possible sont à considérer avec une extrême vigilance. Hormis la situation médicale, où cela se fait avec l'accord ou à la demande de la personne, l'espace de la conscience ne doit pas faire l'objet d'intrusion.

- Ensuite vient la strate de l'*expression de ce « je »*, c'est-à-dire l'ensemble de ses manifestations. Le principe le plus communément admis est celui de la liberté d'expression, sous réserve qu'elle n'insulte pas ou ne diffame pas d'autres personnes. Il faudrait ajouter d'autres « sous réserve », concernant l'expression de mensonges, les comportements d'envahissement, et les stratégies délétères d'influence et de pression, voire d'emprise. Par ailleurs, l'amplitude de diffusion de l'expression est à moduler selon la destination de cette expression. Des propos ordinaires tenus dans le cercle familial n'ont pas à être divulgués dans l'espace public, par exemple. À l'inverse, qu'il s'agisse d'un État, d'une entreprise, d'une administration, d'une association, etc., une décision prise par le responsable d'un « nous » concernant ce « nous », se doit d'être accessible aux « je » et aux plus petits « nous » qui composent ce « nous ». Ici s'applique le principe de transparence. On doit pouvoir être tenu au courant de ce qui nous concerne, *a fortiori* lorsqu'on en est partie prenante. Dans bien des situations, ce n'est pas le cas aujourd'hui.
- Enfin nous avons les multiples sphères d'*expression des personnes communes*. Dans ce cas, il faut considérer ce qui lie la communauté de cette personne commune et ses finalités pour pouvoir établir de façon satisfaisante ce qui relève de la préservation du secret interne et ce qui relève de la lutte contre le secret honteux. D'un côté, il n'y a pas à s'ingérer dans des affaires internes ordinaires, mais de l'autre il faut lutter contre les cabinets de Barbe Bleue[97], ces zones d'informations inaccessibles couvrant

Lutter contre les cabinets de Barbe Bleue.

---

97 Dans le conte de Barbe Bleue, la nouvelle épouse peut aller partout dans le château, sauf dans un cabinet, fermé à clef. Lorsqu'elle enfreint l'interdit, elle y découvre les cadavres des précédentes épouses. Barbe Bleue, furieux de cette intrusion dans son cabinet secret, s'apprête à l'égorger. L'épouse espère, avec sa sœur Anne, que leurs frères arriveront à temps pour les sauver.

On peut imaginer que la première épouse n'a été tuée que parce qu'elle est entrée dans ce cabinet interdit qui, alors, ne contenait aucun cadavre. C'est le secret qui induit le crime. Ce conte interroge la folie du secret, la violence qu'il peut déclencher et les horreurs qu'il peut cacher. Il met en lumière aussi la tension dramatique de l'alerte, de l'attente et de la divulgation. La clef, intrinsèquement tachée de sang, focalise sur la tension entre secret honteux et divulgation : « Anne, ma sœur Anne, ne vois-tu rien venir ? » (Charles Perrault : *Contes de ma mère l'oye*, 1697).

des crimes, des délits, des pratiques frauduleuses ou délétères. De ce fait, la protection des lanceurs d'alerte est aussi cruciale que la protection des sources en matière de journalisme ou d'enquêtes judiciaires.

Dans les faits, nous avons mis en place des « nous » d'ordre élevé (États, organismes internationaux, etc.) pour veiller à ce que des « nous » d'ordre moins élevé ne tyrannisent pas d'autres personnes et ne se livrent pas à toute sorte d'activités mauvaises. La légitimité démocratique rend cette construction juste, si elle repose sur un vrai contrat démocratique. Le fait que des structures non démocratiques (entreprises, États non démocratiques, groupes de pression, etc.) s'efforcent d'être reconnues comme des acteurs de ces niveaux supérieurs est préoccupant. On le voit par exemple avec le travail d'influence des *lobbies*, ou encore avec les mécanismes de tribunaux d'arbitrage privé reconnus dans certains traités internationaux.

Je n'ai fait ici qu'effleurer le sujet. Je ne vais l'approfondir que sur un point, l'information concernant l'argent.

Le cas des secrets d'argent

Notre monde a une conscience de plus en plus aiguë des questions liées au *secret bancaire* et au *secret des affaires*. Il faut dire que l'internationalisation de la finance nous a fait passer du compte familial caché aux montages capitalistiques sophistiqués, devenus la norme.

S'il est compréhensible qu'une entreprise ait besoin de garder le secret sur certains de ses procédés de fabrication lorsqu'ils ne sont pas brevetés ou sur ses stratégies de recherche et d'investissements, cela est bien moins justifié concernant ses choix de développement, de management et de marchandisage, et cela devient contraire à l'utilité générale lorsqu'il s'agit de projet de restructuration, de dangerosité du produit, de structure de rétribution, de *lobbying* ou d'optimisation fiscale. Lorsqu'on regarde ses définitions les plus courantes, le secret des affaires apparaît comme un concept beaucoup trop extensif.

Quant au secret financier ou bancaire, il est temps de lever le voile et d'entrer dans un monde plus transparent.

Le secret des affaires est trop large.

Il est temps de supprimer le secret financier ou bancaire

La seule justification de ces deux types de secrets repose sur la préservation de la vie privée, qu'il s'agisse d'une personne physique ou d'une personne morale (comme une entreprise). En fait, cette justification n'a qu'une faible pertinence : *l'argent, par nature, se situe dans l'échange, dans l'interface du public et du privé – et non du seul ressort privé*. D'ailleurs, plusieurs acteurs en ont connaissance : mon employeur connaît mon revenu, mon banquier connaît mon compte en banque, mon notaire connaît mes propriétés, etc. *Il serait bien plus sain de lever totalement le secret qui entoure les questions d'argent*. Si l'argent est honnête, il n'a pas à se cacher. S'il veut se cacher, c'est qu'il relève du secret honteux.

La situation actuelle démontre la nécessité de ce changement de paradigme. Susan Strange a souligné dès les années 1980 l'importance des paradis fiscaux dans les flux financiers mondiaux[98]. Thomas Piketty et ses collègues ont souligné en 2013 à quel point les inégalités de revenus, et surtout les inégalités de patrimoines (immobilier et financier) sont méconnues et fortement sous-estimées par le grand public[99]. Le secret de l'argent – le secret bancaire, les paradis fiscaux, etc. – favorise l'injustice, les trafics destructeurs (drogues, prostitution, arnaques, etc.) et les plus riches (qui ont les moyens de se payer une « optimisation » fiscale astucieuse). Ils créent aussi du soupçon et de la rancœur. Le secret de l'argent a un effet nocif majeur sur nos sociétés et sur ce qui les lie.

Sur un autre pan, le développement de produits financiers atypiques (leur essor a été phénoménal) a créé aujourd'hui une pelote financière à la fois occulte et incompréhensible, si bien que nul ne peut avoir une estimation raisonnable des risques pris et de l'instabilité de l'ensemble. Or, comme l'a révélé la crise des *subprimes* de 2008, tout le monde peut en subir les effets (capital évaporé, récession, chômage, États déstabilisés, faillites, blocage des investissements, dettes, etc.). Là encore, il conviendrait d'adopter le *principe du droit de regard*, c'est-à-dire d'une *obligation de transparence sur tout ce qui concerne les capitaux et les paris sur les capitaux*.

---

98 Strange (Susan) : *Casino Capitalism*.
    Strange (Susan) : *Mad Money*.

99 Piketty (Thomas) : *Le Capital au XXIe siècle*.

Au fond, il s'agit d'une question de synomie et de vie du « nous ». L'argent est un puissant lien entre des « je » tissant un « nous ». Il est donc légitime que le « nous » puisse avoir conscience de ces liens, puisse les réfléchir et les organiser. La première condition d'un assainissement est de *lever toutes les formes de secrets liés à l'argent*. La seconde est la mise en place d'une politique démocratique de l'argent, dans tous les aspects possibles[100].

*

Imaginez un monde où le pauvre saurait ce que gagne et ce que détient le riche, et vice-versa. N'y aurait-il pas alors, spontanément, un nouveau rapport de décence qui s'instaurerait dans les échelles de revenus comme dans les écarts de patrimoines ? Ne poserait-on pas, de façon plus saine, la question du mérite lié à l'argent, en disposant des informations réelles et en sortant de la tension infernale entre secret et suspicion ? N'irions-nous pas, peu à peu, vers une société plus apaisée, plus juste et moins inégalitaire ?

Imaginez un monde où toutes les transactions seraient devenues apparentes, un monde où les entrailles putrides des paradis fiscaux seraient parfaitement visibles, un monde où l'argent de la prostitution, de la drogue, des trafics d'armes, de la corruption et de la spéculation serait devenu visible. N'irions-nous pas, peu à peu, vers une société moins gangrenée par la criminalité et les violences qu'elle engendre ?

N'en serait-il pas plus sain ?
Ne respireriez-vous pas mieux ?
N'auriez-vous pas davantage confiance en l'avenir ?

Notre monde est de plus en plus intégré, mondialisé. Nous vivons de plus en plus dans un monde commun à l'échelle du globe. Pourquoi ne pas se donner les moyens de le rendre plus harmonieux et plus juste ?

---

100 À titre d'exemple et comme je n'ai aucun tabou concernant mon argent, sachez que mon revenu mensuel net de maître de conférence (hors classe) est de 3 530 € (je n'ai pas d'autres revenus). Mon patrimoine est constitué d'un appartement de 287 000 € (capital auquel il faut soustraire 72 000 € de prêt), d'environ 25 000 € sur mes comptes bancaires (Livret A, Assurance Vie, Livret Développement Durable…) et d'une voiture d'occasion qu'on peut estimer à 5 000 €. Mon patrimoine est donc d'environ 250 000 €. (Date : été 2019)

Pourquoi ne pas se débarrasser, côté riche, de la crainte d'être perçu comme indûment riche, c'est-à-dire d'être un imposteur qu'on pourrait légitimement voler, et, côté pauvre, de l'amertume d'être injustement traité ?

On pourrait aussi parler du coût faramineux des secrets honteux et des écarts de richesses indus : pertes fiscales, délinquances, violences, dépenses pour le maintien du secret, activités de polices et de justice pour les traquer et, en même temps, pour protéger certaines de ses instances, comme les banques… Sans parler du coût de la défiance sociétale, de l'amertume et de la colère, qui peut grimper en flèche lorsqu'un mouvement de révolte, voire de guerre, se met à s'emballer.

*

Pourquoi ne pas oser la vérité ? Lutter contre l'information abusivement envahissante et les secrets honteux ? Si nous voulons être responsables, le savoir est indispensable pour connaître le réel et pour bien décider de ce que nous devons faire. La circulation avisée de l'information est une des clefs.

*

Par ailleurs, nous n'avons pas parlé de tout un pan, essentiel de l'information, celui de sa découverte ou de sa création. Si l'information est le tissu du sens, elle est alors notre essence. Si nous voulons nous étoffer et nous épanouir, il nous faut promouvoir l'*horizon d'information* en matière de développement technique, de recherche, d'art et de culture.

14
Travail, mérite et dispositifs

En théorie, dans cette exploration des formes de la société du mensonge, on voit mal en quoi le domaine du travail serait concerné. Le travail a un but *réel* : fournir telle ou telle tâche pour produire un bien ou un service. Le travail, pour être bien fait, doit donc être abordé de façon pragmatique et concrète. Le rappel au réel devrait restreindre le mensonge et la mythomanie, écartant le produit frauduleux, la paresse qui se déguise en agitation, le travail bâclé, la zizanie dans les équipes, la tromperie professionnelle, l'incohérence ou les organisations inefficaces. Indirectement, mais sûrement, le rappel du réel devrait pousser à une synomie renforçant les motivations et cultivant les intelligences à l'œuvre – les deux moteurs de l'efficacité.

Mais combien de fois avons-nous eu affaire à des collègues peu fiables, à des chefs proférant des injonctions paradoxales ou des directives fumeuses, à des acheteurs ou des usagers aux demandes déplacées, méprisantes ou irréalistes ? Combien de fois avons-nous rencontré l'épuisement professionnel, l'accident du travail, les risques mal maîtrisés, le défaut de formation, les engagements non tenus, les copinages et les attitudes hypocrites ?

Dans le travail comme ailleurs, l'exigence de synomie est loin de ce qu'elle pourrait et devrait être. On reste encore beaucoup trop dans l'économie de domination, qui pense l'ordre sous la forme d'une *hiérarchie*. Plus pertinente, la culture de l'efficacité et du mérite pense l'ordre sous la forme de l'organisation des compétences. Elle est plus pertinente parce que ce qui fait la valeur du travail d'une personne est davantage issu de ses compétences à l'œuvre que de sa position hiérarchique. Ce qui a été dit de la dialectique du Maître et du Serviteur

> **Nous restons trop ancrés dans l'*économie de domination*, qui pense l'ordre sous la forme d'une hiérarchie. Plus pertinente, la *culture de l'efficacité et du mérite* pense l'ordre sous la forme de l'organisation des compétences.**

vaut aussi pour la relation de travail. De ce fait, sans exclure l'utilité d'une certaine part de hiérarchie dans l'obtention de l'efficacité, il faut penser la coopération en termes de *rôles propres* et de *compétences*, c'est-à-dire reconnaître que, pour certaines choses, une personne puisse être la meilleure décideuse, et pour d'autres que ce soit une autre personne, et ne pas penser d'abord à une hiérarchie où l'un·e serait en tous points supérieur·e à l'autre.

Il faut penser la coopération en termes de *rôles propres* et de *compétences*.

La relation de domination a l'avantage d'être simple à penser et à mettre en œuvre, mais elle a l'inconvénient d'être *simpliste*, de gâcher les ressources de compétences et de se priver de la puissance du travail en commun, lorsque deux têtes qui pensent valent plus qu'une seule. Ceux qui veulent des chefs n'auront que de l'arrogance et du travail borné.

*

En théorie, comme le travail produit de la richesse, la répartition de cette richesse devrait bénéficier en théorie à tous ceux qui ont participé au travail, au prorata de leur contribution. Cette juste répartition se produirait si nous étions dans une économie du mérite et de l'efficacité.

Mais combien d'entre nous ne se sont pas interrogé·e·s sur la nullité d'un·e responsable hiérarchique, pourtant bénéficiant d'un meilleur salaire ? Combien de nous se sont demandé·e·s comment on pouvait justifier que telle personne soit rémunérée dix ou vingt fois plus qu'une autre alors que sont travail n'est ni plus pénible, ni plus exigent en compétence ? Combien de fois avons-nous entendu parler, dans les informations, d'actionnaires vampires, de plans de restructurations étranges et des conduites de changement aberrantes ? Et quel mérite y a-t-il à s'enrichir en ayant confié sa fortune à un·e gestionnaire d'actifs financiers ? Où est la juste répartition des fruits du travail ?

Dans les faits, nous sommes très loin de vivre dans une économie du mérite et de l'efficacité, une économie qui s'appuierait sur l'égale dignité de chacun·e et sur l'utilisation la plus avisée des compétences. On reste trop ancré·e·s dans la culture de la domination, qui voit dans la relation de travail une technique d'exploitation humaine. Cette culture de la domination a simplement concédé des limites : pas d'esclavage, pas de servage, pas de conditions de travail inacceptables, ou plutôt, parfois, elle s'est arrangée pour mettre hors-champ ces exploitations extrêmes, dans des pays pauvres ou des ateliers clandestins. Pour l'essentiel, elle reste dans l'esprit de domination et tente sans cesse de remettre en cause les avancées du droit du travail, qui ne vise qu'à garantir le respect des personnes.

Dans les faits, on peut faire le constat que notre économie n'est pas suffisamment ancrée dans l'économie du travail et du mérite. Elle continue à se focaliser sur la captation du gain et sur la recherche de pouvoir, ce qui, pour le coup, donne un vaste terrain de jeu au mensonge, à la mythomanie et aux secrets honteux.

Tout ceci est bien connu et je n'ai dit ici rien de nouveau. Tout au plus ai-je opéré d'une façon un peu inhabituelle la jonction entre l'éthique des personnes et la politique du travail. Mais l'essentiel est déjà écrit de longue date : l'importance de mieux associer ceux qui travaillent aux décisions de l'entreprise ou du service public par un peu plus de démocratie ; une meilleure justice dans la répartition des richesses produites en se souciant davantage du mérite ; une participation meilleure à l'espace commun de la vie de l'entreprise, qu'il s'agisse d'organisation, d'innovation, de réflexion, de qualité, de prévention des risques et de respect de chacun·e. Il était toutefois essentiel de rappeler tout cela pour ne pas perdre de vue qu'on doit faire bien mieux.

*

Comme j'ai souligné plus haut l'importance de la rencontre humaine et le fait que des organisations s'incarnaient dans des « nous » humains, je voudrais plutôt attirer l'attention sur un phénomène assez récent, qui touche une bonne partie de nos structures de travail, qu'il s'agisse d'entreprises ou de service publiques.

Je me réfère ici à tout un ensemble d'études, en particulier au livre de Marie-Anne Dujarier, *Le Management désincarné*[101]. Mon expérience personnelle à l'université, ma connaissance assez bonne du fonctionnement actuel des hôpitaux français, et ce que me racontent mes ami·e·s travaillant dans de grandes entreprises privées me confirment la grande pertinence du regard de cette chercheuse. Mieux encore : elle donne un ensemble de clefs de compréhension des causes et des effets d'une forme de management qui engendre beaucoup de souffrance tout

Marie-Anne Dujarier : *Le Management désincarné.*

---

[101] Dujarier (Marie-Anne) : *Le Management désincarné*. Ce livre est bien écrit et accessible : lisez-le.

en étant peu efficace. Cela concerne autant les entreprises privées que publiques, puisque ce qu'on appelle la Nouvelle Gestion Publique[102] (*New Public Management*) partage avec le privé ces formes de gestion déshumanisée. Lean management, tarification à l'activité, benchmarking, management par objectif (MPO), pilotage par performance, balance scorecard (BSC ou TBP), enterprise resource planning (ERP)[103] : si vous avez rencontré quelque chose de ce genre, alors vous avez eu affaire à une forme de management désincarné. Ce type de « management par les dispositifs », grâce à l'utilisation d'outils logiciels d'encadrement professionnel, introduit au cœur du travail une forme de mythomanie troublant à la fois le « nous » et le « je », car, pour un pan important de leur travail, les personnes n'ont plus d'interlocuteur vers qui se tourner, mais un « il » anonyme, celui du « dispositif ». Ceux-ci ont l'avantage et l'inconvénient d'être impersonnels dans leurs prescriptions et de dépersonnaliser les relations de pouvoirs en glissant le dispositif entre les prescripteurs et ceux qui sont sur le terrain.

Plus précisément, de quoi est-il question dans ce « management désincarné » ? L'idée de base se présente sous des traits très avenants. Il s'agit par exemple de mettre à plat, de façon rationnelle, la structure du travail permettant d'effectuer tel service ou telle production. L'outil, dans ce cas, se présentera comme une sorte de modèle ou de cartographie de la réalité[104]. En étudiant cette image modèle, on pense pouvoir se doter des

L'idée de base du management désincarné se présente sous des traits très avenants. Il s'agit par exemple de mettre à plat, de façon rationnelle, la structure du travail permettant d'effectuer tel service ou telle production. L'outil, dans ce cas, se présentera comme une sorte de modèle ou de cartographie de la réalité.

---

102 Voir aussi : Mas (Bertrand), Pierru (Frédéric), Smolski (Nicole), Torrielli (Richard) : *L'Hôpital en réanimation*.

103 *Lean management* : gestion au plus juste.
Balanced scorecards (BSC) : tableau de bord prospectif (TBP).
Benchmarking : gestion par indicateurs.
Enterprise resource planning (ERP) : progiciel de gestion intégré.

104 *Ibid.*, p. 12 : « Les dispositifs sont […] des constructions proprement humaines, le produit d'une activité réalisée par des travailleurs. Descendants des bureaux des méthodes prônés par Taylor, des cadres sont mandatés pour prescrire, outiller et contrôler les tâches productives, en mettant en place des dispositifs. Ils raisonnent et agissent alors en termes de plans, c'est-à-dire à distance et de manière abstraite. Ils sont du côté de la carte et non du territoire. Pour les distinguer des autres cadres, en particulier des managers de proximité opérationnels, je propose de les appeler des *planneurs*. Le terme fait aussi simultanément référence à la critique qui leur est aujourd'hui adressée par les autres travailleurs de "planer" loin des situations concrètes. »

moyens de comprendre les choses, et d'un outil permettant de les améliorer de façon rationnelle.

Cependant, il faut noter que si on veut une bonne modélisation, cela suppose que chaque sous-partie du travail puisse être caractérisée et mesurée dans ses diverses dimensions (matériel, compétence, flux, performance, etc.). En théorie, une telle modélisation permet à la fois d'optimiser le fonctionnement des parties pour gagner en productivité grâce à un meilleur agencement, mais aussi d'identifier, parmi des parties similaires, celles qui fonctionnent mal pour y remédier. En théorie, cela permet donc à la fois d'éliminer des activités inutiles, de simplifier un organigramme redondant ou embrouillé, mais aussi d'aider des équipes à mieux travailler, ou de voir si certaines parties du travail faites en interne ne gagneraient pas à être confiées à un prestataire extérieur, ou l'inverse. En somme, il s'agit d'être rationnel pour s'approcher de l'efficacité optimale.

Dans les faits, ce type de modélisation s'avère sans doute intelligemment mise en œuvre dans certaines entreprises de taille moyenne, où l'esprit de collaboration globale est assez élevé et les étages hiérarchiques peu nombreux. Ces caractéristiques sont importantes, car, pour que le modèle corresponde bien à la réalité, il est nécessaire que les agent·e·s qui font le travail contribuent à son élaboration. De plus, pour qu'on lui apporte des modifications pertinentes, il est nécessaire de discuter avec eux de ce qui paraît sensé, puis de tester et d'évaluer globalement les effets réels de la modification, car, dans la réalité, il y a toujours des détails susceptibles d'introduire une différence entre ce qu'on attendait théoriquement et ce qu'on a obtenu réellement. Pour qu'un changement soit une amélioration, il est donc nécessaire qu'un haut niveau de coopération existe dans la *conception*, l'*effectuation* et l'*évaluation* de ce changement. Cela suppose aussi, bien sûr, que chacun soit assuré qu'il puisse obtenir un bénéfice en cas de changement positif global, sans quoi il risque d'y avoir de la rancœur. L'agent·e lésé·e en tirera la conclusion qu'on ne l'y reprendra plus à s'investir dans son travail si rien n'est obtenu en retour. Cette situation de bonne intelligence collective dans les changements existe et fait la réussite durable de certaines entreprises ou services publics, mais elle est malheureusement trop rare aujourd'hui.

Des dispositifs parfois intelligemment utilisés

En fait, la situation la plus courante est *une incessante frénésie de restructurations*. M.-A. Dujarier nous explique que ce type de changement suit alors un tout autre déroulement. Souvent, les dirigeants à la tête de ces entités reçoivent de la part de leurs actionnaires ou du gouvernement une injonction à améliorer les bilans financiers qu'ils présentent. La coutume est alors de passer un appel d'offres et de retenir un des cabinets de conseil privés qui a répondu. Ce spécialiste des restructurations ou de l'optimisation du fonctionnement va travailler à partir des documents qui lui sont fournis et va élaborer une modélisation, puis faire des recommandations. En même temps, il doit respecter le montant et les délais indiqués dans le contrat qu'il a décroché. Il a aussi à l'esprit de satisfaire les attentes de son client, même si leur pertinence est discutable, afin d'être recommandé par lui auprès d'autres clients potentiels. Comme mener une étude sur le terrain et impliquer les agent·e·s serait trop coûteux en moyens humains et trop long, personne ne va sur le terrain et personne ne discute de la pertinence des changements envisagés. De même, on va simplifier les critères de performance et se contenter de choses aisément mesurables en délaissant des pans entiers de ce qui contribue à la performance réelle.

Des dispositifs *souvent* mal utilisés, par exemple pour une incessante frénésie de restructurations

Le résultat est une proposition de changement séduisante, compréhensible dans le temps restreint que les décideurs peuvent lui consacrer. Elle se présente comme un modèle de rationalité et montre comment agencer différemment les éléments ou comment cadrer les tâches pour obtenir des gains de performance. Le dirigeant peut ainsi présenter à ceux dont il dépend – actionnaires, État – un plan d'action, justifiant sa place de dirigeant. De plus, comme il a montré les éléments rationnels qu'on lui a fournis, cela le prémunit des effets cachés délétères : nul ne pourra contester ensuite le bien-fondé de sa décision. En amont de tout cela, s'il a saisi le style d'action qui pourrait plaire à ses actionnaires ou à l'État, il n'aura pas manqué de l'avoir en tête dans le choix du cabinet d'étude, dans la rédaction du cahier des charges et dans les discussions qu'il a pu avoir avec le cabinet de conseil, transmettant ainsi les attentes cachées. Les biais sont donc multiples.

On est donc loin du modèle de rationalité idéal :

Des dispositifs biaisés

– La modélisation est en partie orientée dès le départ par l'influence de la demande.

- Il n'y a pas d'étude de terrain pour élaborer un modèle réaliste et pertinent ; il ne s'agit que d'une modélisation simplifiée, faite à partie de procédés qu'on peut appliquer à toute structure.
- Ses concepteurs ne connaissent pas les métiers impliqués et ne sont donc pas en mesure de percevoir des effets qui paraîtront évidents aux agent·e·s.
- La mise en œuvre se fera de façon descendante, autoritaire, ou, quand il faut résoudre certains imprévus, la discussion restera lointaine, sans quoi la méconnaissance des réalités risquerait d'apparaître.
- Comme les indicateurs de performance, simplistes, sont souvent aussi les normes d'évaluation des agent·e·s, il est probable qu'après un petit temps d'adaptation, ces indicateurs vont s'améliorer puisqu'on incite les agent·e·s à se focaliser sur eux et non sur la tâche réelle. À court terme, les dirigeant·e·s obtiendront donc un satisfecit, de même que le cabinet de conseil.
- Comme il n'est prévu aucune évaluation fine des effets réels du changement à moyen ou long termes, on ne peut pas savoir s'il a été positif ou négatif.
- Comme de tels changements se succèdent souvent à une cadence assez élevée, on ne peut avoir aucune évaluation fiable à moyen terme d'un changement, puisque l'irruption d'un nouveau changement brouille les effets du précédent.

M.-A. Dujarier a mené des entretiens avec des membres des cabinets de conseil et avec des dirigeant·e·s. Son étude montre que personne n'est dupe. Les premier·e·s savent qu'ils ou elles ne connaissent pas vraiment le réel et que ce qui est proposé est en partie du vent. Ils ou elles savent la part de souffrance qui risque de retomber sur les agent·e·s. De leur côté, les dirigeant·e·s savent qu'il ne s'agit que de modélisations simplifiées, très jolies sous forme de diaporamas et de tableaux colorés, mais dont la pertinence réelle n'est pas démontrée. Ces dirigeant·e·s s'en servent surtout pour justifier une action déjà prévue et pour se justifier auprès des actionnaires ou de l'État. Des deux côtés de ces prescripteurs, on doute de l'efficacité de la chose, ce qui ne les empêche pas de continuer à brasser de l'air en parlant de management avec les mots et les expressions requises pour faire sérieux.

Nul n'est dupe.

Au fond, il s'agit en partie d'un jeu, et d'un jeu *avec les apparences*. Ceux qui se soucient un peu de leur entreprise ou de leur administration – en plus de leur carrière de dirigeant·e·s – s'efforcent de la connaître par d'autres canaux et corrigent les aspects les plus caricaturaux et négatifs de ces plans de changement. Les plus rusé·e·s les instrumentalisent : ils ou elles savent ce qu'ils ou elles veulent et le plan d'action n'est qu'une justification.

Ce qui vient d'être dit ne donne qu'un angle des choses, celui de celles et ceux qui conseillent ou décident du changement. Il fallait commencer par là pour comprendre ce qui se noue et ne pas y surajouter des éléments de méchanceté qui ne s'y trouvent pas. Il y a même une certaine souffrance dans les cabinets de conseil à faire à la chaîne des plans quand on se doute que c'est en partie un exercice de vente de produit et que ce produit est peu ragoutant. De même, il y a chez les dirigeant·e·s une charge de souffrance, ou de cynisme, ou d'auto-aveuglement, à faire un travail dont on doute de la pertinence et dont on sait les dégâts qu'il peut induire, mais dont on ne peut guère s'écarter au vu de ce qui est attendu par les actionnaires ou l'État. On se persuade de faire au mieux, ou bien on se dit que si ce n'est pas soi qui le fait, ce sera de toute façon quelqu'un d'autre, ce qui n'y changera rien. Donc on fait ce qu'on a à faire et on essaie de mettre de côté ses états d'âme. On se fait dupe dans le jeu de dupe, y compris lorsqu'on fait partie de celles et ceux qui dupent.

Maintenant, voyons les choses sous l'angle de celles et ceux qui font le travail de terrain, qu'on peut appeler les agent·e·s, les opérationnel·le·s ou les travailleurs et travailleuses.

S'il s'agit d'une *restructuration de l'organigramme*, l'agent·e se retrouve embarqué·e dans un processus assez pénible, où il n'a pas eu son mot à dire. Ses supérieur·e·s lui imposent ce genre de choses : un changement de poste, des réunions de conduite de changement, un nouvel environnement, de nouveaux objectifs, de nouveaux collègues, etc., quand ce n'est pas une mise au placard pour le pousser à partir. La compétence acquise depuis la précédente restructuration se trouve en partie caduque. Comme ces plans restent très abstraits, un effort considérable doit être fait pour que la transformation de son travail se traduise en un travail productif.

Pendant tout le temps de la transition, l'agent·e·s, en plus des tâches de son poste de travail, porte quatre fardeaux supplémentaires : 1° se former aux nouvelles tâches, 2° apprendre son nouvel environnement, 3° procéder à des adaptations de cet environnement, et 4° gérer le stress engendré par tout cela en soi et chez autrui. Pour une entreprise, le risque d'une désorganisation n'est pas négligeable, et pour ces agent·e·s le risque de souffrance au travail est majoré (épuisement, anxiété, dépression, etc.).

Un des résultats paradoxaux de ces restructurations est que les agent·e·s qui sont peu impliqué·e·s dans leur travail vont s'en accommoder parce qu'au fond cela les indiffère, alors que les agent·e·s très impliqué·e·s vont subir de plein fouet un stress toxique qui risque de les conduire à un arrêt maladie. Celles et ceux qui se trouvent dans l'entre-deux finissent par apprendre à moins s'investir dans leur travail. Au final, on produit donc une perte de compétence et de repères, et une perte de motivation au travail.

S'il s'agit de l'*implantation d'un logiciel de rationalisation du travail*, l'agent·e va devoir d'abord en comprendre le fonctionnement. Ensuite, comme ce logiciel n'a été élaboré qu'à partir d'un modèle simpliste et n'a pas été testé en conditions réelles et amélioré par des agent·e·s, il va falloir s'efforcer de co-adapter la tâche réelle et son modèle approximatif. Cela peut être un véritable casse-tête. La meilleure façon d'en appréhender l'ampleur est de reprendre un exemple réel donné par M.-A. Dujarier :

> Julie est assistante sociale dans une collectivité locale. Son métier consiste à recevoir des personnes en difficulté sociale, à les écouter et à tenter de construire avec elles des réponses concrètes à leurs difficultés de logement, de santé, d'emploi, de papiers, de surendettement ou de violence familiale, dont le délicat signalement d'enfants maltraités. […]
>
> Depuis six mois, les membres de l'équipe doivent quantifier le nombre de rendez-vous réalisés. La direction leur demande aussi […] d'enregistrer des informations sur les personnes reçues, de codifier informatiquement les questions abordées et les actions entreprises. Les citoyens qui se présentent à ce service social, eux, doivent désormais répondre à une série de questions

apparemment purement administratives, concernant leur nationalité, l'état civil de leur ménage et le motif de leur demande. [...]

D'après Julie [...] les dispositifs de finalité créent une incitation à « ne travailler que pour les chiffres » : « Ce logiciel ne parle pas du fond du problème, c'est-à-dire des problèmes des gens et de ce qu'on fait avec eux. Il ne rend pas compte de nos résultats, ni de ce qu'on fait réellement. » Elle observe également que son attention est captée par l'alimentation et l'entretien des dispositifs eux-mêmes : il faut dérouler la *check-list*, cocher les cases et « faire du chiffre ». Elle est détournée de son travail productif pour se centrer sur ce qu'il sera possible d'en dire quantitativement, explique-t-elle. Son activité d'aide aux personnes est alors subordonnée à la question de savoir combien de rendez-vous elle a réussi à faire dans la journée et combien de cases elle pourra cocher dans le progiciel. Le pilotage par les chiffres incite en effet presque mécaniquement à un renversement des moyens en finalités : « faire du chiffre » peut devenir un *but en soi*, au détriment de la mission professionnelle.[105]

Face à cette situation, l'agent·e peut réagir de différentes façons, comme l'analyse M.-A. Dujarier. La première consiste à se conformer strictement à ce qui est demandé par cette nouvelle forme du travail. On applique la procédure ; on se désinvestit de la mission ; et on écarte les états d'âme en se persuadant qu'on n'est qu'un·e exécutant·e. Dominique s'y est essayée une fois :

Un jour, elle s'est décidée à « faire du chiffre ». Elle commente : « Je suis devenue idiote. Je suis devenue un enfant. [...] Pendant trois jours, j'ai tout noté, absolument tout. Même un rendez-vous de 5 minutes ! C'est complètement idiot ! » Le sentiment dominant, insiste-t-elle, c'est « le vide et l'inutilité ».[106]

La seconde attitude, le « frottement entre le plan et la réalité », est d'essayer de faire face *à la fois* à la mission de fond et au formatage du progiciel. Cela implique la résolution de redoutables problèmes : que faire quand la tâche ne correspond pas vraiment à ce qui est proposé dans le menu du logiciel ? Que faire quand plusieurs tâches sont entremêlées et qu'on ne peut en indiquer qu'une seule, doit-on alors faire

---

105 Dujarier (Marie-Anne) : *Le Management désincarné*, p. 15-6 et p. 34.
106 *Ibid.*, p. 35.

les autres clandestinement ? Que faire quand le cheminement réel ne suit pas l'arborescence du logiciel ? Que faire quand le score de performance attendu n'est pas compatible avec l'effectuation correcte de la mission ou quand les objectifs sont irréalistes ? L'agent·e voit proliférer les problèmes. L'outil logiciel, au lieu de l'aider, ne cesse de l'entraver. La performance réelle s'en trouve constamment dégradée et la charge mentale accrue.

La troisième voie est celle d'une attitude ludique. Prenons ce progiciel comme on prend un jeu vidéo, en visant la performance pure et brute : les scores. La mission n'est qu'un arrière-plan qu'on évacue au profit de la passion du chiffre. Il ne s'agit plus de se faire le ou la servant·e du dispositif mais d'en devenir un virtuose et de faire crever le plafond des scores : on raccourcit le temps des entretiens avec les personnes, on coche ce qui peut être coché très rapidement et qui rapporte le plus, et on se passionne pour le score. La tâche réelle n'est plus le but, mais le moyen de scorer. Parler « mission » et penser « mission » devient un truc ringard, presque une grossièreté, qui classe ceux qui le font en collègues hors du coup. On combine désinvolture, cynisme et arrogance.

Quelles que soient ces voies, elles ont donc des répercussions délétères sur le travail réel et sur les agent·e·s. Dans le premier car, on se déshumanise en se zombifiant, avec une perte des compétences réelles, qui, inutilisées, s'oublient. Dans le second, l'épuisement menace et on risque d'user ou de perdre les agent·e·s les plus compétent·e·s et les plus investi·e·s. Dans le troisième, on fabrique des irresponsables, qui, de plus, ayant des indicateurs excellents, ont toutes les chances d'être promu·e·s. On récompense les irresponsables et par contrecoup on écœure celles et ceux qui, pourtant meilleurs, stagnent dans la carrière.

Lorsque le logiciel vise à la fois à formater le travail et à évaluer la performance des agent·e·s, les répercussions sont en fait plus importantes encore :

Perte du sens du travail
Démotivation
Souffrance au travail
Récompense des dociles et non des compétents
Concurrence
Filouteries

– Dans l'arbitrage entre le codage logiciel et la mission, l'individu est incité encore à privilégier le premier, à la fois pour satisfaire sa hiérarchie à court terme et être tranquille, et pour espérer obtenir un avancement de carrière.

- S'il ne fait pas assez de « chiffre », l'agent·e se trouve doublement dévalorisée : d'une part un vécu d'échec s'installe, d'autre part sa hiérarchie va faire pression en demandant plus de « performance ».

- Les indicateurs de « performance » créent une ambiance de concurrence, c'est-à-dire de « je » contre « eux ». Au sein de son équipe, l'agent·e va vivre des pressions et peut être stigmatisé·e ou peut participer à la stigmatisation d'un·e autre (reproches, déclassement, bannissement). Entre équipes ayant les mêmes fonctions vont se développer des rivalités, des pressions, des menaces : quelle équipe sera supprimée, dissoute, déplacée, etc.

- La concurrence exacerbée et le repli sur soi peuvent engendrer un triage dans les cas traités, où les plus rusés chercheront à refiler aux autres les situations qui permettent le moins de faire du « chiffre ». Une part de la mission peut ainsi passer à la trappe ou être bâclée.

- Les petites ruses dans le codage vont s'accroître, ce qui biaise encore plus les indicateurs de performance : les agent·e·s développent une compétence de ruse, voire de filouterie, plutôt que les compétences de fond de leur mission.

Comme on le voit, les effets sont multiples et pernicieux. Ils touchent à l'individu dans son stress, sa productivité et ses compétences. Ils touchent aussi à la *personnalité collective* des communautés de travail. Sur ce second point, il est intéressant d'appliquer ici l'analyse des traits de personnalité des *personnes communes* présentée au chapitre 8. Plutôt que d'aller dans le sens de la synomie, de l'efficacité et de la responsabilité, ces techniques de management désincarné induisent une dissynomie générale, avec des problèmes de personnalité :

Ces dispositifs de ménagement désincarné touchent aussi à la personnalité collective des communautés de travail.

- *Conscience par chacun·e des compétences respectives : le problème de la maladresse.* La reconnaissance des compétences des autres se trouve engluée et masquée par des préoccupations de « chiffres » et d'« indicateurs ». Au lieu de faire ressortir les compétences singulières des uns et des autres et d'en faire le meilleur usage, on nivelle tout dans l'anonymat et on valorise l'interchangeabilité basique des agent·e·s. La personnalité du « nous » devient raide, terne, un peu stupide, donc elle perd en

Perte de compétence

compétence, en « ability » (habileté, capacité, adresse), ce qu'on peut traduire par une tendance à la « maladresse » ou « dé-capacité ».

– *Conscience par chacun·e des actes collectifs faits ensemble : la majoration de la mythomanie.* La mission collective, étant affaiblie, a tendance à se perdre derrière l'écran des tableaux d'indicateurs. Le rapport lucide au réel s'étiole sous le poids de l'image biaisée, mythomane, que montrent les indicateurs. D'un côté cette mythomanie va peser sur les opérationnel·le·s, mais, au contact du réel, ils ne peuvent pas le perdre de vue, tandis que de l'autre côté, celui de la hiérarchie, la mythomanie peut s'épanouir, en prenant l'image pour la réalité, les tableaux de chiffres pour des indicateurs de la performance réelle. Le tableau de bord mensonger donne une *illusion* de contrôle, de « pilotage » et de maîtrise. **Délitement du rapport au réel**

– *Conscience par chacun·e de la coordination collective, la prolifération de l'incohérence.* Normalement, un outil sert celui qui s'en sert et est à son service. Le management désincarné conduit à une inversion : l'outil domine celui qui s'en sert. L'agent·e exécute ce que l'outil lui prescrit. De ce fait, qui maîtrise l'outil ? Qui assume la coordination de la mission qui passe par l'outil ? Ces questions sont perdues de vue. La coordination collective tend à être oubliée. Ce type d'outil permet donc aux décideurs du niveau supérieur d'être cachés, ou même absents. Quant aux agent·e·s, l'outil les considère comme faisant chacun·e·s leur travail dans leur coin de façon interchangeable, donc la cohérence de la mission se perd, la personnalité collective se dissout. **Prolifération de l'incohérence**

– *Espace réflexif commun pour partager ou non avec les autres ses remarques et propositions : la culture de l'esprit borné.* L'outil de management désincarné étant présenté comme une construction rationnelle, il n'est pas prévu d'espace pour en discuter vraiment. Les agent·e·s qui rencontrent des difficultés à l'utiliser sont invité·e·s à se former, c'est-à-dire à s'adapter à lui. Ce n'est pas un partage, mais une imposition. Le dispositif dispose des agent·e·s plutôt que d'avoir des agent·e·s qui proposent des améliorations du dispositif à leur disposition. Les agent·e·s ne sont plus des agent·e·s mais des *agi·e·s*, des instruments. Plutôt que de respecter l'humanitude de chacun·e, on déshumanise. **Culture de l'esprit borné**

— *Ouverture de l'esprit collectif pour s'inspirer d'autres esprits, individuels ou collectifs : la fermeture des esprits.* Le management désincarné repose, comme l'explique bien M.-A. Dujarier, sur une cloison assez étanche entre les cabinets de conseils et les agent·e·s de terrain. Celles et ceux qui construisent les outils de managements évitent de rencontrer celles et ceux qui vont devoir les vivre. Deux raisons poussent à cette non-rencontre : le manque de temps alloué et le trouble que la rencontre induit lorsqu'on s'aperçoit que ce qui est simple sur le papier ne reflète qu'imparfaitement la complexité du réel. Si on se place du côté des agent·e·s, il n'est pas prévu qu'ils ou elles soient à l'initiative d'une rencontre des cabinets de conseil pour les inspirer. Il n'est même pas prévu qu'il y ait une évaluation fine de l'effet du changement sur la performance réelle. Au lieu d'une porosité et d'échanges dans le long terme, on est dans une construction cloisonnée et focalisée sur le court terme. Ces mondes ne se rencontrent pas. De ce fait, plutôt que d'un travail de « conseil » où les uns et les autres se conseillent et accroissent leurs compétences et leur culture professionnelle, on est plutôt dans une domination de pensée préfabriquée. D'ailleurs, ces formes de management désincarné sont faites pour pouvoir s'appliquer à des domaines divers, de la production de fers à repasser à l'activité médicale, de l'import-export à l'assistance sociale. Le jargon managérial et ses formules dans le vent, abusant du franglais, ne sont là que pour masquer le vide de cette pensée préformatée et lui donner un lustre de sérieux. Mais les vraies recherches en ergonomie savent qu'il s'agit surtout de marketing, de marchandisage.

Fermeture des esprits

Si nous prenons un peu de recul, on peut souligner la justesse du choix des mots, par M.-A. Dujarier, pour caractériser ce type de dispositif : le management *désincarné*. Plutôt que de reprendre l'une des expressions habituelles, elle a préféré exprimer ce qui se joue d'essentiel : la désincarnation, la disparition de la rencontre humaine remplacée par une interface abstraite. Cette remarque peut paraître très intellectuelle, et pourtant beaucoup se reconnaîtront dans ce type de situation :

Désincarné

> Julie se décide à rentrer les chiffres dans le logiciel. Elle s'installe devant le dispositif informatique et commence. À un moment donné, elle ne comprend pas une instruction qui l'empêche

d'avancer. Elle ne trouve pas de manière de contourner le blocage du système. [...] Elle craint que tout ne soit à refaire. En colère, elle donne une petite claque à l'écran de son ordinateur en marmonnant son mécontentement.

Marie-Anne Dujarier a ce commentaire :

> Cette saynète, très banale, rappelle que les dispositifs ne mettent pas en relation les hommes entre eux. Les rapports sociaux sont médiés par les choses, les dispositifs, qui s'interposent entre prescripteurs et travailleurs. Le dialogue entre eux ne peut avoir lieu, bien qu'ils soient dans une situation d'étroite interdépendance. Le rapport social est alors abstrait [...] et désincarné.[107]

On peut d'ailleurs noter au passage une inflation du dispositif, qui s'est étendu au-delà du monde interne du travail. Le *customer management* (gestion du consommateur) s'efforce de faire faire le maximum de travail au consommateur ou à l'usager, sous forme de formulaires à remplir ou d'actes à accomplir (passer ses courses soi-même à la « douchette » numérique au supermarché, par exemple). Au total, le management désincarné est devenu très présent dans nos vies, avec les embarras qui vont avec. Qui n'est pas resté désemparé devant un formulaire en ligne, un automate, ou une instruction étrange ? Qui n'a pas ressenti alors le désarroi de ne pas avoir d'interlocuteur ?

« Customer management »

Ces dispositifs sont, par leur construction même, *déshumanisants*, puisqu'on raisonne en termes d'unités abstraites et de standards, tant du côté « tâches » que du côté « agent·e·s » ou « usagers ». Celui qui supervise ne gère plus des personnes et des missions, mais des abstractions.

Des dispositifs déshumanisants

Il convient de faire une remarque importante. Si, dans ces dispositifs, il était prévu de façon massive des voies d'interventions des êtres humains pour modifier et améliorer le dispositif, et des voies pour obtenir un interlocuteur en cas de problème, alors ils ne seraient pas aussi désincarnés, raides, baisés et dissynomiques. Ils seraient des outils de structuration, d'échange, de partage. Ils ne feraient plus *écran*, ils seraient des *supports* d'échange et retrouveraient leur place d'outils. Mais ce n'est pas l'usage qui en est fait aujourd'hui, la plupart du temps. Ils servent de prescripteurs bruts, de moyens de pression, ou de

Des dispositifs désincarnés, raides, biaisés et dissynomiques

---

107 *Ibid.*, pp. 69-70.

justification à des décisions prises en amont, et ils sont présentés comme des entités transcendantes, inaccessibles, presque des divinités. Ils sont en effet sacrés, portent un dogme et une doctrine, prescrivent un comportement, dirigent les consciences et valent récompenses ou châtiments, sans parler des mystères impénétrables qu'ils manifestent. Posés ainsi au-dessus de nos têtes comme des sur-réalités avec lesquelles on ne peut discuter, ils surplombent le monde humain et n'entrent pas dans le flot de ces choses humaines qu'on peut partager et dont on peut discuter. Ce sont des structures doublement mythomanes : d'un côté il y a l'hypocrisie des prescripteurs, c'est-à-dire ceux qui nous manipulent en se cachant sous le masque de ce visage inhumain ; de l'autre il y a la mystification des manipulés qui doivent intégrer dans leur oreille intérieure les injonctions hermétiques que profère muettement l'entité supérieure.

Ceci étant dit, comme ces entités se succèdent, se superposent et se télescopent à une allure de plus en plus soutenue, beaucoup ont appris à les considérer avec distance et à ne pas en faire une religion. Ces dispositifs sont vécus comme une plaie dont on doit s'accommoder en la soignant pour qu'elle soit la plus limitée possible, ou comme une glu professionnelle qui colle aux chaussures mais qui ne doit pas nous empêcher d'avancer. Ils sont une part morne de la vie. Mais il ne faut pas oublier qu'il n'y a nulle fatalité. On ne doit pas renoncer à les contourner ou à les amender, à les retourner ou à les détourner, à les repousser ou à les humaniser. On ne doit pas renoncer à rire de leurs bêtises et de leurs signes d'absurdité. Ce sont là des formes de libération de leur emprise, des formes qu'on espère être des précurseurs d'un changement futur.

Imaginez qu'on remette un peu tout cela d'aplomb... Imaginez qu'au lieu de ces structures de mensonges et de déshumanisation, on prenne plutôt la voie de formes de management synomique... Imaginez que la mission soit votre priorité et qu'on valorise vos compétences et votre autonomie, en faisant en même temps appel à votre sens des responsabilités pour s'assurer que vous ne faites pas n'importe quoi...

Cela n'a rien d'insensé, ou de révolutionnaire. La chose nous semble même, dans son bon sens, nous tendre les bras.

On peut et on doit rêver d'une culture du plaisir du travail, de la réalisation de soi dans le travail, et de l'épanouissement humain.

Il existe même des exemples un peu partout.

Imaginez qu'au lieu de ces structures de mensonges et de déshumanisation, on prenne plutôt la voie de formes de management synomique...

15 – Conclusions
Transfinitude et cheminement

Solvitur ambulando[108].
Trouver des solutions vient en marchant.

(Attribué à Diogène de Sinope)

Solvitur ambulando.

Notre déambulation, comme tout cheminement, n'a pas de fin. Parler de « conclusions » serait donc impropre si on ne pensait pas aussi, tacitement qu'il s'agit de conclusions *arrivées à ce point*, ou *pour le moment*, en sachant bien que la curiosité doit toujours nous conduire plus loin.

---

108 Diogène Laërte, au IIIe siècle après J.-C., écrit ceci (*Vies, doctrines et sentences des philosophes illustres*, VI, 2, 39) : « [Un sophiste] ayant nié le mouvement, [Diogène de Sinope] se leva et se mit à marcher. »

Ce récit est lié à l'un des paradoxes énoncés par Zénon d'Élée (IVe siècle av. J.-C.), expliquant qu'une flèche qui vole est en fait immobile, car, à chaque instant, elle se trouve dans un espace égal à elle-même. Elle est donc au repos à chaque instant. Le mouvement n'étant qu'une suite d'instants, la flèche ne peut donc pas se mouvoir, puisqu'elle est au repos. Certains en tirèrent la conclusion que le mouvement n'existait pas. La réponse de Diogène de Sinope (IIIe siècle av. J.-C.) fut pragmatique : il montra en marchant qu'il pouvait se mouvoir, donc que le mouvement existe.

J'utilise la maxime en un sens plus large que ce jeu de ping-pong entre une démonstration abstraite et une réponse par l'action. D'autres traditions philosophiques invitent à la comprendre comme une invitation à cheminer, car le chemin – physique et mental – est le moyen de découvrir le monde et de se découvrir soi-même. En cheminant, nous élaborons des questions et nous trouvons des pistes de réponse. D'où la traduction particulière que je propose, plutôt que l'habituel « La solution vient en marchant », qui correspond bien à la démonstration pragmatique de Diogène, mais mal au sens large, tout aussi présent dans la locution latine.

Comme il s'agit de finir ce petit ouvrage, plutôt qu'un fastidieux rappel de tout le chemin parcouru, regardons nos premiers pas, pour un retour à la fois réflexif et projectif.

Fini, infini, transfini

Il est ici intéressant de revenir à deux citations de Jean-Paul Sartre :

> « L'existentialisme ne prendra jamais l'homme comme fin, car il est toujours à faire. » (p. 75)

> « Il y a un autre sens de l'humanisme, qui signifie au fond ceci : l'homme est constamment hors de lui-même, c'est en se projetant et en se perdant hors de lui qu'il fait exister l'homme et, d'autre part, c'est en poursuivant des buts transcendants qu'il peut exister ; l'homme étant ce dépassement et ne saisissant les objets que par rapport à ce dépassement, est au cœur, au centre de ce dépassement. » (p. 76)

À rebours d'un ensemble des courants philosophiques et religieux soulignant la finitude humaine, J.-P. Sartre place l'humanité dans la transcendance de l'infini. Chez les uns, l'être humain, du fait de sa mortalité, de sa qualité de créature et non de Créateur, et de ses innombrables défauts, se trouve assigné à la finitude, tandis que chez J.-P. Sartre, parce que cet être ne cesse de s'inventer et de modifier son être et son humanitude, il s'inscrirait plutôt dans l'infinitude.

En fait, cette présentation appartient au registre des fausses alternatives, de la vision en noir et blanc, de la pensée caricaturale.

Les textes religieux eux-mêmes sont plus subtils. Lorsqu'il est écrit dans *La Bible* que Dieu (ou Dieux, puisque le mot *Elohim*, dans la *Genèse*, est un pluriel) créa l'humain à son image (ou à sa ressemblance), cette simple déclaration montre la place intermédiaire de cette créature à l'image du Créateur. De même, lorsqu'Hésiode raconte que Prométhée déroba le feu aux dieux pour en doter l'humanité, il s'agit de lui donner l'étincelle du divin, c'est-à-dire à la fois le feu technique, mais aussi la lumière, l'intelligence, la conscience. L'humain tient donc à la fois des deux mondes : créature et créateur, immortel et mortel, fini et infini.

De même, lorsque J.-P. Sartre dit de l'humain qu'il est toujours « à faire », qu'il est « hors de lui-même » et qu'il est « dépassement » et « projet », il dit aussi qu'il n'est pas l'infini abouti, mais un intermédiaire entre le fini et l'infini, une sorte d'*indéfini à définir infiniment*.

Pour échapper à la fausse alternative du fini et de l'infini, il serait mieux de dire que l'humain est *transfini*. Sa condition n'est ni la finitude, ni l'infinitude, mais la transfinitude. Étant objet et sujet, tradition et invention, être et devenir, matière et conscience incarnée, défini et indéfini, l'être humain est transfini.

Bien sûr, nous ne prenons pas ce mot au sens mathématique des nombres qualifiés de « transfinis ». Il s'agit plus simplement de trouver un terme qui corresponde bien, par son étymologie, au concept « d'être intermédiaire se déplaçant dans cet intermédiaire ». Que trouver de mieux que *transfini*, reprenant d'un côté la question de sont statut vis-à-vis du fini et de l'infini, et de l'autre apportant cette qualité du mouvement, du cheminement, du transit, bien signifié par le préfixe « trans- » ? En tant que « je » et en tant que « nous », nous sommes des êtres transfinis.

Intermédiaires vivant en continu la tension de l'être et du projet, de la matière et du sens, de l'immanence et de la transcendance, la transfinitude décrit notre condition.

Toutefois, le mot et son concept ne se bornent pas à cette dimension de la *description*. Ils font aussi *prescription*. Puisque nous ne sommes pas dans l'incapacité de la chose finie, nous ne sommes pas dans l'irresponsabilité propre aux choses. Mais puisque nous ne sommes pas non plus dans l'omniscience et l'omnipotente d'une entité aux capacités infinies, nous ne sommes pas non plus dans la sphère des significations absolues. De ce fait, nous avons une *liberté* avec un *devoir*. Notre « trans- » exige de nous que nous en choisissions bien l'orientation et que notre dépassement tende vers le bien.

On peut le dire autrement : notre humanité étant partiellement héritée mais aussi partiellement à construire, il est de notre devoir de chercher à l'humaniser davantage encore, plutôt qu'à la laisser peu à peu choir dans l'obtus de la chose ou s'élancer imprudemment dans des élans trop risqués. La prudence (*phronèsis* en grec) est à cultiver dans notre

> **Étant objet et sujet, tradition et invention, être et devenir, matière et conscience incarnée, défini et indéfini, l'être humain est transfini.**

> **En tant que « je » et en tant que « nous », nous sommes des êtres transfinis.**

cheminement d'humanité devant s'humaniser. La prudence est à cultiver dans notre culture d'autonomie et de synomie. Notre transfinitude doit être *responsable*.

Métaphysique

Cette condition humaine appelle à un réexamen de la métaphysique pour discerner les lignes directrices d'une métaphysique du nouvel humanisme. L'aspect intermédiaire de notre transfinitude ne nous autorise pas la hardiesse des absolus, mais elle nous interdit aussi tout nihilisme. Entre les deux, elle nous demande d'être des *chercheurs*. Comme le dit Albert Camus, nous sommes nés et nous vivons « à mi-distance de la misère et du soleil »[109], entre le dérisoire douloureux du presque-rien et l'intensité brûlante des incandescences impossibles à contempler.

Cette tension inhérente à nos vies ne peut se supporter et être appréciée que si nous la faisons chanter d'une façon particulière : dans l'intelligence de la curiosité, dans la prudence de la sagesse, dans la bienveillance de la justice et dans la douceur de l'amour.

On peut comprendre en ce sens le lien que fait Platon entre Éros – l'amour – et la philosophie. Il exprime ce lien par la généalogie de cet étrange Éros, ce dieu du lien, de la tension et de l'intermédiaire. Si nous sommes, humains, intermédiaires entre les dieux et les choses, Éros est intermédiaire entre les dieux et nous. Il est notre guide, comme Hermès ou comme Hécate. En guise d'explication, Platon nous dit qu'Éros est fils de Poros et de Pénia. Le mot *penia* signifie en grec la pauvreté. Le mot *poros*, de son côté, a plusieurs sens : le passage, le chemin, le moyen, l'expédient, et l'opulence. Il y a sens doute une misogynie – que nous pouvons mettre de côté – à désigner la mère comme manque, et le père comme ressource et trouvaille, mais elle est compensée, voire retournée, par les circonstances de la conception de l'enfant, car Éros fut conçu le jour de la naissance d'Aphrodite, déesse de la beauté et de l'amour.

---

109 Camus (Albert) : *L'Envers et l'endroit [1935-36]*, Paris, Gallimard, 1958, Préface (de 1958), p. 14.

La prudence (*phronèsis* en grec) est à cultiver dans notre cheminement d'humanité devant s'humaniser.

La prudence est à cultiver dans notre culture d'autonomie et de synomie.

Notre transfinitude doit être *responsable*

Voici le récit de Platon :

> Étant fils de Poros et de Pénia, l'Amour [Éros] en a reçu certains caractères en partage. D'abord il est toujours pauvre, et, loin d'être délicat et beau comme on se l'imagine généralement, il est dur, sec, sans souliers, sans domicile ; sans avoir jamais d'autre lit que la terre, sans couverture, il dort en plein air, près des portes et dans les rues ; il tient de sa mère, et l'indigence est son éternelle compagne. D'un autre côté, suivant le naturel de son père, il est toujours à la piste de ce qui est beau et bon ; il est brave, résolu, ardent, excellent chasseur, artisan de ruses toujours nouvelles, amateur de science, plein de ressources, passant sa vie à philosopher, habile sorcier, magicien et sophiste. Il n'est par nature ni immortel ni mortel ; mais dans la même journée, tantôt il est florissant et plein de vie, tant qu'il est dans l'abondance, tantôt il meurt, puis renaît, grâce au naturel qu'il tient de son père. Ce qu'il acquiert lui échappe sans cesse, de sorte qu'il n'est jamais ni dans l'indigence ni dans l'opulence, et qu'il tient de même le milieu entre la science et l'ignorance.[110]

Platon ajoute d'autres éléments clefs. Il fait de Poros le fils de Métis, cette déesse qui, selon Hésiode, « sait plus de choses que tout dieu ou homme mortel ». Dans la tradition orphique et la genèse des divinités telle qu'elle est présentée dans les *Rhapsodies*, Éros est l'enfant de Chaos l'informe et d'Éther la forme et l'esprit. À la fois mâle et femelle, Éros est à l'origine du monde.

Cet enchevêtrement mythologique, au-delà de ses ramifications sémantiques, nous parle de l'importance de l'*intermédiaire* et nous guide vers la forme qu'il convient de lui faire prendre, celui d'une *tension vers l'harmonie*, celui d'un passage vers une existence plus accomplie, celui de la rencontre et des liens avec l'autre, corps et âme. On connaît la façon dont cet art en tension s'est choisi un nom, *philosophie*, en le composant d'amour (philo-) et de sagesse-science (-sophie). Qu'Éros, fils de la misère qui cherche un remède à sa condition, et de la ressource qui connaît les passages vers l'opulence, soit le dieu-déesse guide de la philosophie n'a rien de surprenant. Notre condition humaine est de cultiver notre porosité ontologique pour transmuter notre misère en épanouissement. Éros est « sans domicile », en transit, « près des portes

---

110 Platon, *Le Banquet*, 203c-203e, traduction Émile Chambry.

et dans les rues », mais il est aussi « à la piste de ce qui est beau et bon », « brave, résolu, ardent », « amateur de science », « plein de ressources ». Platon glisse ici ceci : « Il n'est par nature ni immortel ni mortel », c'est-à-dire qu'il est notre guide, similaire à nous, ni finis, ni infinis, mais transfinis. Il nous invite à nous éprendre de notre propre curiosité, de notre propre inventivité, de notre propre bienveillance, pour que chacun de nous soit, le plus possible « florissant et plein de vie ».

Éros est un *photophore*, un porteur de petites lumières. Il nous invite à être des étincelles et à cheminer pour dissiper la pénombre et ensemencer notre monde et nos cœurs de douces clartés colorées.[111]

*

Qui suis-je et que puis-je faire, sinon entrer dans le jeu des feuillages et de la lumière ?[112]
Albert Camus : *L'Envers et l'endroit.*

Lyon, été 2019 – été 2020.

---

111 Si j'avais rédigé ce texte en italien, j'aurais utilisé le joli mot de *fiammifero*, l'allumette, qui signifie, littéralement : porter les flammes.
112 Camus (Albert) : *L'Envers et l'endroit [1935-36]*, p.116.

Bibliographie

Arendt (Hannah) : *Condition de l'homme moderne*, Paris, Pocket (Agora), 1983.

Atwood (Margaret) : *La Servante écarlate* [1985], Paris, Robert Laffont, 1987.

Baillargeon (Normand) : *Exercices d'autodéfense intellectuelle*, Montréal (Québec), Éditions Lux, 2005.

Beauverger (Stéphane) : *Chromozone*, Paris, Gallimard (Folio) / La Volte, 2005.

Beauvoir (Simone de) : *Le Deuxième sexe*, Paris, Gallimard, 1949.

Beauvoir (Simone de) : *La Vieillesse*, Paris, Gallimard, 1970.

Bréchon (Pierre), Gonthier (Frédéric) (Eds.) : *European Values. Trends and Divides Over Thirty Years*, Leiden (Pays-Bas), Brill Academic Publisher, 2017.

Burdekin (Katharine) : *Swastika night* [1937], Paris, Piranha, 2016.

Cagé (Julia) : *Sauver les médias*, Paris, Seuil, 2015.

Cagé (Julia) : *Le Prix de la démocratie*, Fayard, 2018.

Camus (Albert) : *Le Mythe de Sisyphe*, Paris, Gallimard, 1942.

Camus (Albert) : *L'Envers et l'endroit* [1935-36], Paris, Gallimard, 1958.

Damasio (Alain) : *La Zone du Dehors*, Paris, La Volte, 2007.

Dieguez (Sebastian) : *Total bullshit !*, Paris, Puf, 2018.

Diogène Laërte : *Vies, doctrines et sentences des philosophes illustres*, IIIe siècle après J.-C.

Dujarier (Marie-Anne) : *Le Management désincarné*, Paris, La Découverte, 2017.

François (Souverain Pontife) : *Loué sois-Tu – Laudato Si. Sur la sauvegarde de la maison commune*, Paris, Éd. Salvator, 2015.

Frankfurt (Harry) : *On Bullshit*, Princeton University Press, 2005. Traduction française : *De l'Art de dire des conneries*, Paris, 10/18, 2006.

Grange (Juliette) : *Les Néoconservateurs*, Pocket (Agora), 2017.

Hardin (Garrett) : *La Tragédie des communs* [1968], Paris, PUF, 2018.

Hegel (Georg Wilhelm Friedrich) : *Phänomenologie des Geistes*, Iena, Bamberg und Würzburg, J. A. Goebhardt, 1807. Traduction française (J. Hyppolite) : *Phénoménologie de l'esprit*, Paris, Aubier, 1998.

Hésiode : *Les Travaux et les jours*, fin du VIIIe siècle av. J.-C.

Hessel (Stéphane) : *Indignez-vous !*, Montpellier, Indigène Éditions, 2010.

Honneth (Axel) : *La Lutte pour la reconnaissance* [1992], Paris, Gallimard (Folio), 2000.

Horel (Stéphane) : *La grande Invasion*, Paris, Éd. du Moment, 2008.

Horel (Stéphane) : *Les Médicamenteurs*, Paris, Éd. du Moment, 2010.

Horel (Stéphane) : *Intoxication*, Paris, La Découverte, 2015.

Horel (Stéphane) : *Lobbytomie*, Paris, La Découverte, 2018.

Huxley (Aldous) : *Le Meilleur des mondes* [1932], Paris, Plon, 1953.

Jankélévitch (Vladimir) : *Le Je-ne-sais-quoi et le presque rien*, Paris, Seuil, 1980 (tome 1 : *La Manière et l'Occasion* ; tome 2 : *La Méconnaissance, le Malentendu* ; tome 3 : *La Volonté de vouloir*)

Jonas (Hans) : *Le Principe responsabilité* [1979], Paris, Cerf, 1990.

Kant (Emmanuel) : *Fondements de la métaphysique des mœurs* [1785], trad. V. Delbos, Paris, Delagrave, 1986.

La Boétie (Étienne de) : *De la servitude volontaire* [1576], *in* Montaigne (Michel de) : *Essais*, Tome IV, Paris, Charpentier, 1862.

Lévinas (Emmanuel) : *Totalité et infini*, La Haye, Martinus Nijhoff, 1961.

Mas (Bertrand), Pierru (Frédéric), Smolski (Nicole), Torrielli (Richard) : *L'Hôpital en réanimation*, Paris, Éditions du Croquant, 2011.

Milgram (Stanley) : *Soumission à l'autorité*, Paris, Calmann Lévy, 1974.

Montaigne (Michel de) : *Essais*, 1580-95.

Oreskes (Naomi), Conway (Erik M.) : *Les Marchands de doute*, Paris, Éd. Le Pommier, 2012.

Orwell (George) : *1984* [1949], Paris, Gallimard, 1950.

Perrault (Charles) : *Contes de ma mère l'oye*, 1697

Piketty (Thomas) : *Le Capital au XXIe siècle*, Paris, Le Seuil, 2013.

Platon : *Le Banquet*, 380 av. J. C.

Ricœur (Paul) : *Parcours de la reconnaissance*, Paris, Gallimard (Folio), 2004.

Saez (Emmanuel), Zucman (Gabriel) : *Le Triomphe de l'injustice – Richesse, évasion fiscale et démocratie*, Paris, Seuil, 2020.

Sartre (Jean-Paul) : *L'Existentialisme est un humanisme* [1946], Paris, Gallimard (Folio Essai), 2000.

Sartre (Jean-Paul) : *L'Être et le Néant*, Paris, Gallimard, 1943.

Shūzō (Kuki) : *Propos sur le temps*, Paris, Éd. Philippe Renouard, 1928.

Springora (Vanessa) : *Le Consentement*, paris, Gresset, 2020.

Strange (Susan) : *Casino Capitalism*, Oxford (UK), Basil Blackwell, 1986.

Strange (Susan) : *Mad Money*, Manchester (UK), Manchester Univ. Press, 1998.

Thiel (Marie-Jo) : *La Santé augmentée, réaliste ou totalitaire ?*, Paris, Bayard, 2014.

Thiel (Marie-Jo) (dir.) : *Souhaitable vulnérabilité ?*, Strasbourg, Presse Universitaire de Strasbourg, 2016.

Zamiatine (Ievgueni) : *Nous autres* [1920], Paris, Gallimard, 1971.

Sommaire

Introduction — p. 1
1 – Essence et existence — p. 9
2 – Identité ? — p. 15
3 – Qui suis-je ? — p. 19
4 – Avec, contre, en lisière — p. 23
5 – Consentement : autonomie et hétéronomie — p. 29
6 – Accord : synomie et dissynomie — p. 39
7 – L'impasse de Hegel (La reconnaissance) — p. 49
8 – Responsabilité — p. 69
9 – Conditions matérielles et société poreuse — p. 93
10 – Une société du mensonge ? — p. 105
11 – « Nous » politique et contrat démocratique — p. 117
12 – L'intoxication publicitaire — p. 131
13 – Le tissu de sens (Culture et information) — p. 139
14 – Travail, mérite et dispositifs — p. 153
15 – Conclusions – Transfinitude et cheminement — p. 169
Bibliographie — p. 175

Du même auteur :

Goffette (Jérôme) : *Naissance de l'anthropotechnie – De la Biomédecine au modelage de l'humain*, Paris, Vrin, 2006.

Goffette (Jérôme) : (dir.) : Science-fiction, prothèses et cyborgs, Paris, BoD, 2019.

Bateman S., Gayon J., Allouche S., Goffette J., Marzano M. (eds) : *Inquiring into Human Enhancement – Interdisciplinary and International Perspectives*, London, Palgrave, 2015.

Bateman S., Gayon J., Allouche S., Goffette J., Marzano M. (eds) : *Inquiring into Animal Enhancement – Model or Countermodel of Human Enhancement*, London, Palgrave, 2015.

Goffette (Jérôme) : Guillaud Lauric (dir.) : *L'Imaginaire médical dans le fantastique et la science-fiction*, Paris, Bragelonne, 2011.

Jérôme Goffette est aussi l'auteur de plus de 65 publications, consultables sur sa page chercheur du site : **www.academia.edu**

Association Académique pour les Humanités – AAH

AAH est un comité de lecture chargé d'évaluer des ouvrages ou des mémoires pour celles et ceux qui le sollicitent.

L'obtention du label « AAH » signifie que le texte a été reconnu par le comité de lecture comme satisfaisant au niveau d'exigence universitaire.